독서단원을 재구성한
한 학기 한 권 읽기 수업 방법
- 초등 3~4학년 -

이 도서의 국립중앙도서관 출판예정도서목록(CIP)은 서지정보유통지원시스템 홈페이지(http://seoji.nl.go.kr)와 국가자료종합목록 구축시스템(http://kolis-net.nl.go.kr)에서 이용하실 수 있습니다. (CIP제어번호 : CIP2019031514)

독 서 단 원 을 재 구 성 한

한학기 한권읽기 수업 방법

최영민·주예진·엄윤아 저

초등 3~4학년

고래북스
LIKE A WHALE IN THE OCEAN

머리말

독서단원은 2015 개정 교육과정에 따라 초등학교 3학년에서 고등학교까지 매 학기에 한 권 이상, 교과서 이외의 책을 수업시간에 깊이 있게 끝까지 읽고 생각을 나눔으로써 독서 습관과 독서 능력을 기르는 특화단원입니다.

독서단원은 2015 개정 교육과정의 '한 학기 한 권 읽기'를 교과서에 구현한 것으로 학습자는 국어 수업 시수 내에서 책 한 권을 긴 호흡으로 읽고, 이와관련해 듣고, 말하고, 쓰는 활동을 하면서 국어과의 관련 성취 기준을 통합해 배울 수 있습니다.

그런데 현장에 계시는 여러 선생님들은 독서단원을 가르쳐 보신 경험이 별로 없으셔서 어려움을 호소하는 경우가 많았습니다. 특히 독서단원에서 활용한 책도 정해져 있는 것이 아니라 선생님들이 정해서 수업에 적용해야 하기 때문에 어떻게 하면 좋을지 물어보시는 경우가 많았습니다. 그래서 저희는 국어 교과서에 반영된 작품들을 천천히 살펴 보았고 그 작품들을 독서단원에 활용해도 되겠다는 생각을 하였습니다. 왜냐하면 일단 그 작품들은 국어 교과서를 만들 때 선정작업을 거쳤고 다른 단원에서 내용을 다룬다 하더라도 작품의 모든 내용을 전부 다루지는 않는다는 점 때문입니다.

그런 점을 바탕으로 저희는 선생님들이 '한 학기 한 권 읽기' 수업의 부담을 최소화하고 가벼운 마음으로 아이들과 함께 하는 수업을 위해 다음과 같은 방향으로 이 책을 썼습니다.

첫째, 독서단원과 다른 단원을 따로 분리시키지 않았습니다. 작품의 전체적인 내용을 살펴보고 해당 단원의 필요한 활동을 하도록 예시를 들어 설명하였습니다. 특히 3학년과 4학년은 책을 읽고 생각을 나누는데 중점을 두고 있어 이런 점이 더더욱 요구됩니다.

둘째, 독서단원과 해당 단원을 통합해서 운영할 수 있는 활동의 예를 제시하였습니다. 한 권의 책을 전체적으로 살펴보고 나누면서 해당 단원으로 운영할 수 있도록 한 것입니다.

여러 선생님들이 즐거운 마음으로 '한 학기 한 권 읽기' 활동을 하는데 도움이 되었으면 하는 바람입니다. 감사합니다.

최영민, 주예진, 엄윤아

| Contens |

1 한 학기 한 권 읽기 수업을 시작하며

저희는 2014년 EBS다큐프라임 '슬로리딩, 생각을 키우는 힘, 3부작' 방영을 위해 7개월간 촬영한 적이 있습니다. 이때 사용한 작품은 〈그 많던 싱아는 누가 다 먹었을까〉(박완서 저)였습니다. 그런데 그 프로그램은 원래 중고등학생을 대상으로 기획된 방송이었기에 초등학교 5학년이 이해하기에는 다소 어려움이 있었습니다. 하지만 이미 결정된 상황이라 선택의 여지가 없어 최선을 다해 동학년 선생님들과 지혜를 모아 수업을 진행했습니다.

지금 생각하면 그 당시에는 책 선정의 중요성을 몰랐습니다. 하기야 슬로리딩 수업이라는, 처음 접하는 신세계에 관해 아무런 자료도 없는 상황에서 그런 걸 생각할 여유도 없었습니다. 그런데 저희가 출연한 방송을 보고 저희를 따라 〈그 많던 싱아는 누가 다 먹었을까〉로 수업해보신 선생님들이 수업 진행이 어려워 도중에 멈추었다는 말을 듣는 일이 있었습니다. 다행히 어느 정도 시간이 지나면서 아이들이 흥미를 가지게 되어 다시 시작해 결론적으로 보람 있는 수업이 되었다는 말은 들었습니다.

여기서 저희의 고민이 시작되었습니다. 그 선생님은 슬로리딩 수업을 왜 어려워했을까? 왜 중간에 멈출 수밖에 없었을까? 그런 고민 끝에 내린 결론이 작품 선정의 중요성이었습니다. 이것은 다른 작품도 마찬가지였습니다. 똑같은 작품이라도 학교, 학생, 선생님에 따라 각각 다른 반응이 나타날 수 있음을 알게 되었던 것입니다.

2014년 10월 방송 이후 '슬로리딩 수업', '온작품 읽기 수업', '한 학기 한 권 읽기 수업' 등 명칭은 다르지만 실제 책읽기 수업을 어떻게 하는지에 관한 책들이 쏟아져 나왔습니다. 각 도서들은 아이들과 선생님이 모두 책읽기 수업을 즐겁게 진행한 경험을 소개하고 있었습니다. 하지만 그렇지 않은 선생님도 계시리라는 생각이 들었습니다. 즉 책읽기에서 작품 선정을 어떻게 해야 할지 고민하는 선생님들이 계시리라는 생각을 하게 되었습니다.

그래서 저희는 많은 시간 동안 여러 선생님들이 발표하신 책읽기 수업 사례 거의 모두를 찾아 검토해 보았습니다. 그 결과, 책읽기 수업을 즐겁게 하기 위해 중요한 조건은 선생님들이 가벼운 마음으로 시작해야 한다는 점이었습니다.

학기초가 되면 선생님들은 준비할 것들이 한두 가지가 아니라서 거의 정신없는 상태입니다. 즉 책읽기 수업을 위한 책을 읽고 준비하기에 할애할 시간이 없다는 말입니다.

이런 점을 알게 된 저희가 여러 선생님들께 과감히 제안해보고 싶습니다. '한 학기 한 권 읽기 수업'을 위한 작품을 선정할 때 서점 매대에 진열되어 있는 수많은 작품 중에서 고르려 하지 마시고, 일단 교과서에 수록된 작품으로 시작해보라고 말이지요. 저희가 교과서에 수록된 작품 몇 권을 선정해 읽어보았을 때 다음과 같은 장점이 있었습니다.

첫째, 작품을 모두 읽는 시간이 짧았습니다. 3학년과 4학년 국어 교과서에 수록된 작품은 대체로 1시간 이내로 읽을 수 있었습니다. 조금 길게 느껴지는 〈프린들 주세요〉는 2시간, 〈가방 들어주는 아이〉는 1시간 정도면 충분했습니다.

둘째, 다양한 갈래의 작품을 접할 수 있었습니다. 시집, 단편동화, 장편동화, 그림책 등을 접하면서 교과서로 대할 때와 실제 작품을 보는 느낌은 많이 달랐습니다. 다만 어떤 작품은 '왜 이런 작품이 교과서에 실렸을까' 하는 생각이 들기도 하였습니다. 그림책의 경우에도 내용과 그림이 서로 따로 논다는 느낌이 드는 작품도 있었습니다.

셋째, 작품을 직접 보면 작가들이 전하고자 하는 바를 좀 더 강하게 느낄 수 있었습니다. 작가들은 그림과 표지, 글을 통해 독자에게 무언가를 전하고자 노력했고 그 숨결을 느낄 수 있었습니다.

가끔 타 학교에 나가 교과서에 수록된 그림책으로 연수할 때 보면, 선생님들의 반응이 각각 달라 수업 현장에도 이런 점이 반영되면 좋겠다는 생각을 하였습니다.

결론적으로 '한 학기 한 권 읽기 수업'을 교과서에 수록된 작품으로 시작하라고 권하고 싶습니다. 교과서에는 전문가들이 심혈을 기울어 선정한 그림책이나 단편동화가 수록되어 있으며, 약간 분량이 있는 작품도 2시간 이내에 읽을 수 있어 시간 부족에 고생하는 선생님들께 큰 도움이 될 수 있기 때문입니다.

EBS다큐프라임 방송 이후 아이들과 책읽기 수업을 계속 진행해 오면서 알게 된 가장 기본은, 수업을 이끄는 선생님들이 책 내용을 미리 꿰뚫고 아이들을 이끌어야 한다는 점입니다. 일례로, 저희는 2014년 겨울방학 때 5학년 아이들과 함께 〈그 많던 싱아는 누가 다 먹었을까〉로 원격연수 촬영을 하였습니다. 그때 저희와 아이들은 이미 1년 동안 여러가지 활동을 통해 이 책의 내용을 모두 알고 있었습니다. 그래서 우리가 필요로 하는 활동을 하려고 할 때 책에서 원하는 내용을 끌어와 훨씬 다양하고 활발한 수업을 할 수 있었습니다.

슬로리딩 수업이든, 온 작품 읽기 수업이든, 아무튼 책읽기 수업을 할 때는 읽기 쉬운 작품으로 내용을 파악하면서 해야 한다는 점이 중요합니다. 그런 작품을 선정하기 가장 쉬운 방법이 교과서에 수록되어 있는 작품으로 시작하는 것입니다.

2 한 학기 한 권 읽기 수업을 위한 방향

저희가 2014년부터 슬로리딩 수업을 진행하면서 가장 신경 쓴 부분은, 아이들이 책을 대할 때 싫어하지 않도록 하는 것입니다. 그 뒤 지금까지 슬로리딩 수업을 계속하는 동안 한 권 또는 서너 권의 책을 활용하였는데, 그 때 아이들이 책을 샀는지 사지 않았는지는 확인하지 않았습니다. 다만 최대한 구매해서 읽었으면 좋겠다는 방향으로 권고하는 수준이었습니다. 물론 그렇게 했어도 학생들과 학부모님들은 슬로리딩 수업 진행에 적극적으로 호응해주셨습니다.

슬로리딩 수업을 해오면서 신경 쓴 또 한 가지는, 수업할 때 책의 내용을 모르는 학생도 수업에 참여할 수 있도록 하는 것입니다. 그 방법으로는, 책을 읽은 학생들에게 먼저 내용을 발표하도록 하여 책 내용을 모두가 공유할 수 있도록 하였습니다. 그 이유는 내용을 모르는 학생이 행여나 소외감을 갖지 않도록 하기 위함입니다. 지금 학교에서 시행되는 '한 학기 한 권 읽기' 수업 도입 목적도 이와 같은 취지라고 생각합니다. 김영란 강원대 국어교육과 교수는 이렇게 강조하고 있습니다.[1)]

> 핵심은 어떤 방법을 쓰더라도 '한 한기 한 권 읽기'를 통해 학생들이 책읽기를 좋아하게 만드는 것이지, 책읽기를 질리게 하면 안 된다는 것이다. 그렇게 해서 학생들의 입에서 "한 학기에 한 권만 읽는 것은 너무 적어요" 라는 말이 나오게 하는 것이다.

책읽기를 함께하는데 있어 가장 큰 과녁은 '즐기기'라고 합니다. 스스로 찾아 읽고, 책읽기를 즐길 수 있다면 수업은 갈무리를 하는 정도일 것입니다.[2)]

교육당국에서 '한 학기 한 권 읽기'를 도입한 목적도 학생들에게 책읽기의 즐거움이나 방법을 알려주어 스스로 정보를 찾고 얻는

---

1) 〈학교도서관 저널, 2017년 9월호, '2015 개정 교육과정과 한 학기 한 권 읽기'〉 2017년, 5쪽, (www.slj.co.kr/bbs/board.php?bo_table=special&wr_id=498)

2) 〈우리 교실 책읽기의 시작, 온작품읽기〉 이오덕김수업연구소 지음, 휴먼에듀, 2017년, 32쪽

경험을 쌓게 하기 위함입니다. 그래서 슬로리딩 수업이든지, 온작품읽기 수업이든지, 한 학기 한 권 읽기 수업이든지 선생님에게 초점을 맞추지 않고 학생들에게 초점을 맞춘 수업이 되어야 합니다. 이러한 취지는 온작품 수업을 실시하고 있는 선생님들도 마찬가지입니다.[3)]

하지만 반드시 놓치지 않고 가야할 것이 있습니다. 책을 싫어하지 않는 마음입니다. 아이들이 지금 당장 마음을 터놓지 않아도 되고, 느낌을 나누지 않아도 상관없습니다. 그저 책과 함께한 경험이 중요한 겁니다. 책읽기가 행복한 경험이어야 합니다. 그래야 아이들이 다시 책을 들 수 있는 힘이 생기니까요.

가르친다는 건 아이들에게 힘을 주는 일이어야 합니다. 이런 방향은 독서단원의 설정 목적과 목표에 명확히 나와 있습니다.[4)] 잠깐 살펴보도록 하겠습니다.

> ① 독서단원은 '한 학기 한 권 읽기' 경험으로 학생들이 독서 습관과 태도를 형성하고, 나아가 평생 독자로 성장하는 데 목적이 있다.
>
> ② 학생이 스스로 한 학기 한 권의 책을 선정해 읽고 생각을 나누고, 다양하게 표현함으로써 독서의 즐

3) 〈우리 교실 책읽기의 시작, 온작품읽기〉 이오덕김수업연구소 지음, 휴먼에듀, 2017년, 49쪽

4) 〈초등학교 국어 3-1 교사용 지도서〉 교육부, 2018년, 55쪽

거움을 경험하고 느끼게 한다.

③ 학생들이 책을 읽는 과정에서 자연스럽게 읽기 전략을 익히고, 책을 읽으면서 생각하는 힘을 기르도록 돕는다.

④ 독서는 사회 · 문화적 의미를 구성하는 과정이므로, 학급 구성원들이 만들어가 는 독서경험은 중 · 장기적으로 중요한 의미가 있다.

⑤ 3~4학년군에서는 '책을 읽고 생각 나누기'를 지향하고, 5~6학년군에서는 '책을 읽고 생각 넓히기'를 지향한다.

2015 개정 국어과 교육과정에서 3학년부터 고등학교 1학년까지 적용되는 '한 학기 한 권 읽기'는 학생들에게 독서의 즐거움을 경험하게 하고 나아가 평생 독자로 성장하게 하는데 그 목적이 있습니다. 초등학교 '한 학기 한 권 읽기'에서 지향하는 점이 '책을 읽고 생각을 나누고 넓히기'라는 점에서 독서단원의 수업 방향은 어느 정도 정해졌다고 할 수 있습니다. 그것은 처음부터 학생들이 개별적으로 책을 고르게 하지 않고 학생들이 호응을 가질만한 책을 고른 후 같이 읽고 같이 생각을 나누는 것입니다.

그래서 저희는 초등학교 '한 학기 한 권 읽기' 수업은 개별 독서보다는 같은 책을 구입해서 전체적으로 나가는 형태가 되어야 한다고 봅니다. 국어 교과에 독서단원이 생긴 이유는 학생들이 독서 습관과 태도를 형성하고 나아가 평생 독자로 성장하는데 그 목적이 있기 때문입니다. 친구들과 같은 책을 읽으면서 생각을 나누고 넓힌 후에 어느 정도 익숙해지면 개별 독서로 나가도 늦지 않습니다. 이런 점은 중학교에서도 나타나고 있습니다. 즉 책읽기가 익숙하지 않은 학생들에게 혼자 책을 읽으라고 하면 읽지 않고 잡담을 하거나 잠을 잔다고 합니다.[5)]

---

5) 〈한 학기 한 권 읽기 어떻게 할까?〉, 김주환 외 3인 공저, 북멘토, 2018년, 156쪽

3 한 학기 한 권 읽기 수업을 위한 조건

'한 학기 한 권 읽기' 수업이 성공하기 위해서, 그리고 아이들이 책읽기를 즐거워하기 위해서는 책읽기 수업 방법을 최적화하여 현장 교실 수업에 바로 적용할 수 있어야 합니다. 이를 위해 송승훈 선생님은 다음과 같이 주장하고 있습니다. 정규 수업시간에 하기, 교과여건에 맞게 다르게 하기, 평가와 연계하기, 현실적 이익을 얻게 하기 등입니다. 여기에 저희 견해를 첨부하여 옮겨보도록 하겠습니다.[6)]

6) 〈함께 읽기는 힘이 세다〉, 송승훈외 8인 지음, 서해문집, 휴먼에듀, 2017년, 369-372쪽

(1) 정규 수업시간에 하기

책읽기는 정규 수업시간에 해야 합니다. 그래야 선생님의 업무도 늘지 않아 해볼 만하고, 또한 정규 수업시간에 해야 전체 학생들이 참여합니다. 그리고 독서 행사와 독서 대회는 되도록 자제해야 합니다. 이런 행사를 하면 '자발적'이 아니라 반드시 '강제성'이 수반되기 때문입니다.

〈2015 개정 국어과 2-1 교사용 지도서에 있는 '단원별 학습목표 체재'〉

<table>
<tr><th rowspan="2">단원명</th><th rowspan="2">단원
성취기준</th><th rowspan="2">단원
학습목표</th><th rowspan="2">차시
학습목표</th><th rowspan="2">학습
성격</th><th colspan="2">쪽</th></tr>
<tr><th>국어</th><th>국어
활동</th></tr>
<tr><td rowspan="5">1. 시를 즐겨요.
(문화 함유 역량)</td><td rowspan="5">문학(2)
인물의 모습, 행동, 마음을 상상하며 그림책, 시나 노래, 이야기를 감상한다.

읽기(5)
읽기에 흥미를 가지고 즐겨 읽는 태도를 지닌다.</td><td rowspan="5">인물의 마음을 상상하며 시를 읽을 수 있다.</td><td>1~2. 시를 여러 가지 방법으로 읽을 수 있다.</td><td>준비
학습</td><td>6~11쪽</td><td></td></tr>
<tr><td>3~4. 장면을 떠올리며 시를 읽을 수 있다.</td><td>기본
학습</td><td>12~15쪽</td><td>6쪽</td></tr>
<tr><td>5~6. 시 속 인물의 마음을 상상할 수 있다.</td><td>기본
학습</td><td>16~19쪽</td><td>7~8쪽</td></tr>
<tr><td>7~8. 시 속 인물의 마음을 상상하며 시를 읽을 수 있다.</td><td>기본
학습</td><td>20~22쪽</td><td>9~10쪽</td></tr>
<tr><td>9~10. 좋아하는 시를 낭송할 수 있다.</td><td>실천
학습</td><td>23~25쪽</td><td></td></tr>
</table>

한 학기 한 권 읽기 수업을 '정규 수업시간에 하기' 위해 우선적으로 저희는 세분화되어 있는 '차시별 학습목표'보다는 두세 가지 영역의 단원 성취기준을 통합한 '단원 학습목표'를 중심으로 수업 준비를 하였습니다. 2015 개정 교육과정에서도 성취기준은 선생님들이 재구성할 수 있음을 강조하고 있으므로 여러 영역이 포함할 수 있도록 학습에 따른 성취기준을 제시하는 것이 좋을 것입니다. 또한 핵심 개념 · 원리 중심으로 내용체계를 재구조화하여 학년군에서 교사의 재량에 따라 성취기준을 더 늘릴 수도 있고 더 줄일 수도 있는 것입니다.

(2) 교과 여건에 맞춰 다르게 하기

교과마다 상황이 다르기에 각기 다르게 할 수 있어야 합니다. 〈함께 읽기는 힘이 세다〉(경기도중등독서교육연구회 외, 서해문집)에서 8명의 선생님들은 각 교과의 특성에 맞게 책읽기 수업을 실시하였습니다. 물론 저희가 서너 권의 책을 가지고 전체 학생들을 대상으로 실시한 슬로리딩 수업과 방법 면에서 달랐지만 그 취지는 비슷했습니다.

저희는 국어를 중심으로 단원을 재구성하여 한 학기 한 권 읽기 수업을 진행하였습니다. 그리고 수업내용이 다른 교과와 연계가 되면 접목하여 실시하기도 하였습니다. 그러나 무리하게 보여주기 위한 수업이 아니라 저희가 할 수 있는 범위 내에서 최대한 실시하는 것을 전제로 하고 있습니다. 이를 위해 학기 초에 국어를 중심으로 단원 재구성을 해놓고 구체적인 활동은 주간학습안내를 내보낼 때 짰습니다.

(3) 평가와 연계하기

평가가 없으면 학생들의 참여율이 떨어집니다. 수업시간에 깊이가 있는 활동을 하고 그 내용을 평가하는 것이 좋습니다. 진정한 독서는 평가와 상관없이 이루어져야 한다는 말은 매우 아름답습니다. 하지만 평가를 활용해 더 깊고 본질적인 독서수업에 활용한 사례들이 많이 있습니다. 독서량을 살피는 물량주의적 평가나 책 내용을 기억하는지 확인하는 단순 암기 평가 방식이 아니라면 평가는 괜찮습니다.

다음은 독서지도사와 교과 협력 수업을 했던 선생님의 경험담을 잠깐 옮겨 보겠습니다.[7)]

> "선생님, 오늘 수업하면서 한 여학생이 이런 말을 했어요. 책을 읽었더니 관련 부분이 머릿속에 생생하게 떠오른다고요. 그래서 제가 교과서는 대표적인 사실들만 뽑아놓은 것이라 다른 여러가지 책을 읽으면 많은

7) 〈교과를 꽃피게 하는 독서 수업〉 시흥 혁신교육지구 중등 독서교육 연구회 지음, 맘에드림, 2015년, 71쪽

도움이 된다고 했죠. 그리고 초등학교 4학년 이후로 책을 읽지 않은 저희 반 아이가 있는데, 요즘 중국어와 역사 시간에 책을 읽으면서 다시 책을 읽어 보려 한다고 하더군요. 이것이 대다수 아이들의 마음이 아닐 수도 있지만, 비록 수행평가 때문에 책을 읽게 되더라도 책 한 권을 처음부터 끝까지 읽어보는 것은 매우 중요한 경험인 것 같습니다."

이러한 입장은 학교 현장에서 강조되고 있는 '교육과정 – 수업 – 평가 – 기록 일체화', 즉 과정 중심 평가 방식과 맥락을 같이 한다고 볼 수 있습니다. 저희는 그래서 학생들이 직접 내용의 차이나 느낌에 댓글을 달아주는 방식으로 수업을 진행하는 경우가 많았습니다. 남학생들은 '나와 다르다' 또는 '잘 썼다'라고 쓰는 경향이 있어서 어떤 점이 다른지 한두 문장으로 짧게 써도 된다고 강조하고 최대한 편하게 하도록 유도하였습니다.

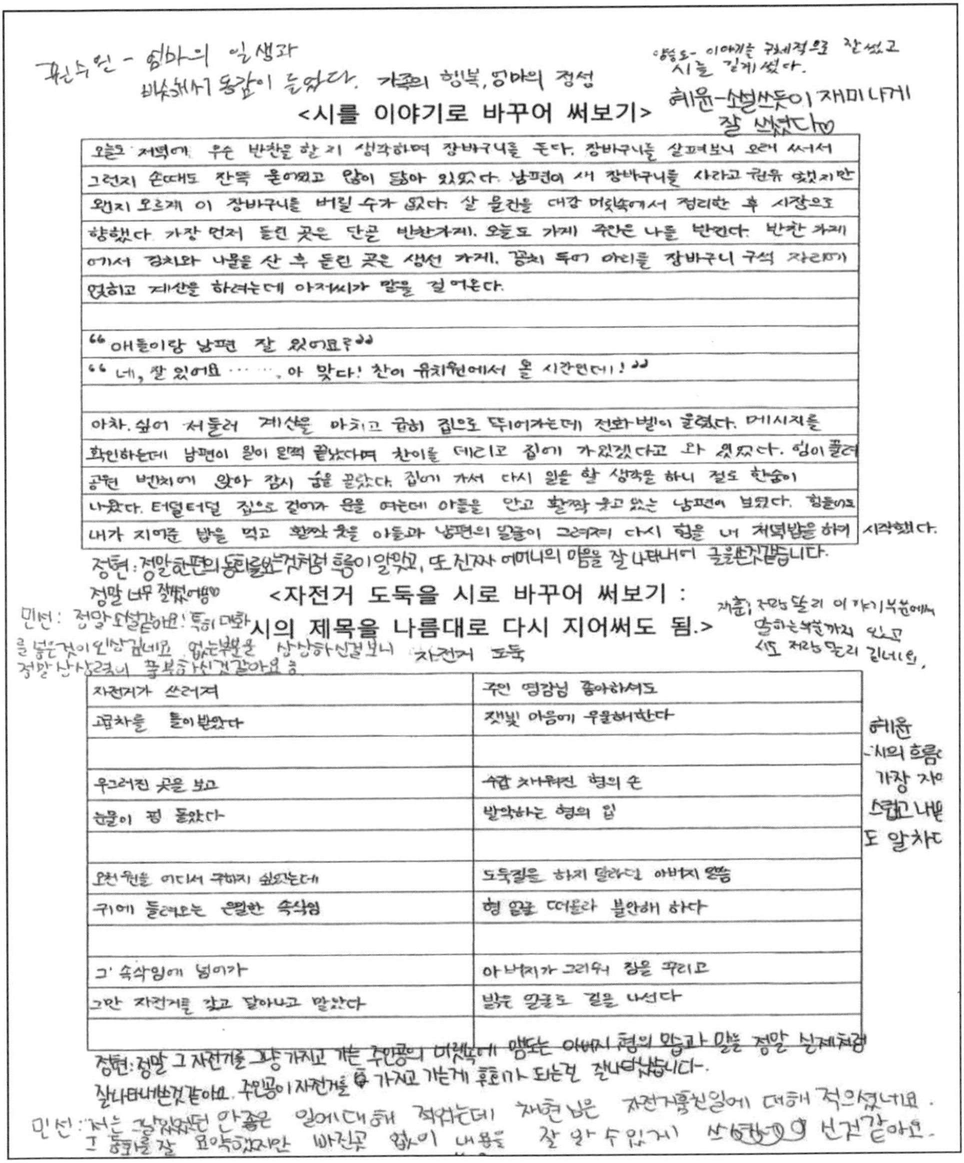

권수민 - 엄마의 일생과 비슷해서 동감이 들었다. 가족의 행복, 엄마의 정성

영은 - 이야기를 구체적으로 잘 썼고 시를 길게 썼다.

<시를 이야기로 바꾸어 써보기>

혜윤 - 소설쓰듯이 재미나게 잘 썼었다♡

오늘도 저녁에 무슨 반찬을 할지 생각하며 장바구니를 든다. 장바구니를 살펴보니 오래 써서 그런지 손때도 잔뜩 묻어있고 앞이 닳아 있었다. 남편이 새 장바구니를 사라고 권유 했지만 왠지 모르게 이 장바구니를 버릴 수가 없다. 살 물건을 대강 머릿속에서 정리한 후 시장으로 향했다. 가장 먼저 들린 곳은 단골 반찬가게. 오늘도 가게 주인은 나를 반긴다. 반찬 가게에서 김치와 나물을 산 후 들린 곳은 생선 가게. 꽁치 두어 마리를 장바구니 구석 자리에 얹히고 계산을 하려는데 아저씨가 말을 걸어온다.

"애들이랑 남편 잘 있어요?"

"네, 잘 있어요……. 아 맞다! 찬이 유치원에서 올 시간인데!"

아차. 싶어 서둘러 계산을 마치고 급히 집으로 뛰어가는데 전화벨이 울렸다. 메시지를 확인하는데 남편이 일이 일찍 끝났다며 찬이를 데리고 집에 가있겠다고 와 있었다. 힘이 풀려 공원 벤치에 앉아 잠시 숨을 골랐다. 집에 가서 다시 일을 할 생각을 하니 절로 한숨이 나왔다. 터덜터덜 집으로 걸어가 문을 여는데 아들을 안고 활짝 웃고 있는 남편이 보였다. 힘들어도 내가 지어준 밥을 먹고 활짝 웃을 아들과 남편의 얼굴이 그려져 다시 힘을 내 저녁밥을 하기 시작했다.

정현: 정말 한편의 동화를 보는것처럼 흐름이 알맞고, 또 진짜 어머니의 마음을 잘 나타내어 글을 쓴것같습니다.

정말 너무 잘썼어용♡

<자전거 도둑을 시로 바꾸어 써보기 : 시의 제목을 나름대로 다시 지어써도 됨.>

민선: 정말 소설같아요! 특히 대화를 넣은것이 인상깊네요. 없는부분을 상상하신걸보니 정말 상상력이 풍부하신것같아요 ㅎ

재훈: 저랑 달리 이야기부분에서 말하는부분까지 있고 시도 저랑 달리 길네요,

자전거 도둑

자전거가 쓰러져	주인 영감님 좋아하셔도
고급차를 들이받았다	잿빛 마음에 우울해한다
우그러진 곳을 보고	수갑 채워진 형의 손
눈물이 핑 돌았다	발악하는 형의 입
오천 원을 어디서 구하지 싶었는데	도둑질은 하지 말라던 아버지 말씀
귀에 들려오는 은밀한 속삭임	형 얼굴 떠올라 불안해 하다
그 속삭임에 넘어가	아버지가 그리워 잠을 꾸리고
그만 자전거를 갖고 달아나고 말았다	밝은 얼굴로 길을 나선다

혜윤 - 시의 흐름이 가장 자연스럽고 내용도 알차다

정현: 정말 그 자전거를 그냥 가지고 가는 주인공의 머릿속에 맴도는 아버지 형의 모습과 말을 정말 실제처럼 잘나타내는것같아요. 주인공이 자전거를 가지고 가는게 후회가 되는건 잘나타났습니다.

민선: 저는 그당시있었던 안좋은 일에대해 적었는데 재현님은 자전거훔친일에 대해 적으셨네요. 그 동화를 잘 요약했지만 빠진곳 없이 내용을 잘 알 수 있게 쓰신것 같아요.

학생이 쓴 글에 대한 같은 반 친구들의 평가 사례

(4) 현실적 이익을 얻게 하기

본질이 훼손되지 않으면서도 학생들에게 현실적인 이익이 되게 합니다. 책읽기는 어휘력과 지식수준을 높이고 논리력을 길러 학습능력을 키우는데 아주 많은 도움이 됩니다. 이것은 슬로리딩 수업을 했던 일본 나다중고등학교를 중심으로 전개된 졸업생들이 증명하고 있습니다. 6년 동안 〈은수저〉라는 한 권의 책으로 수업을 했는데 도쿄대학교 입학시험 문제가 너무나 쉬웠고, 이 졸업생들은 나중에 일본 사회 각계각층에서 큰 활약을 하고 있습니다. 더불어 1930년대 고전 100권 읽기 운동을 하고 있는 시카고대학에서는 노벨상 수상자가 꾸준히 배출되어 지금까지 90명을 넘어섰다고 합니다.

'한 한기 한 권 읽기'에서는 학생들의 현실적인 삶의 내용이 수업에 반영될 수 있도록 하라고 강조하고 있습니다. 이때 가장 유용한 수단이 학생들의 성장과정이 나타난 작품을 선정하여 수업시간에 활용하는 겁니다. 그래서 학생들에게는 책읽기의 즐거움을 느끼게 하는 동시에 친구문제, 성교육 등과 같은 생활지도를 자연스럽게 할 수 있는 효과가 거둘 수 있습니다.[8)]

저희와 함께 2014년 5학년과 6학년 생활을 같이 했던 학생들이 중학교 2학년 2학기 말과 3학년 초가 되었을 때, 초등학교 때 2년

---

8) 강백향 선생님은 6학년 책읽기 수업을 통해 자연스럽게 아이들의 고민을 풀어주었고 2017년 연구년 활동에 같이 참여하였던 선생님은 〈잃어버린 일기장〉(전성현 지음, 창비)를 통해 자연스럽게 성교육을 할 수 있었다고 합니다.

동안의 슬로리딩 수업이 어떠했는지 질문해 보았습니다. 그 중 세 명의 학생들에게 들은 답변을 잠깐 옮겨 보겠습니다.

2년 동안 슬로리딩 수업을 했던 남학생은 주어진 조건을 잘 분석하고 글을 짤끔하게 잘 썼습니다. 이 학생은 현재 중학교 3학년인데 예전에는 책을 볼 때 줄거리를 먼저 보았는데 이제는 천천히 보면서 작품을 읽는 습관이 생겼다고 합니다.

(조현준 학생)

역사나 국어 같은 부분에서 효과를 많이 봤어요. 국어 같은 경우에는 초등학생 때와 다르게 지문이 많이 길어졌는데, 저는 슬로리딩을 통해 긴 글도 쉽고 깊게 이해할 수 있어 좋았습니다. 뿐만 아니라 집에서 따로 독서할 때도 예전에는 글에만 집중했다면 이제는 제 경험과도 연결시켜보고 저자의 생각도 알아보고 있습니다. 이렇게 다양한 면에서 바라보며 글을 읽고 있어 나중에 기억에도 잘 남고 학교에 제출하는 독서록에도 느낌을 잘 쓸 수 있어서 좋습니다.

(마정민 학생)

저는 원래 국어에 가장 관심이 많았던 학생이었기 때문에, 슬로리딩 수업은 제게 아주 좋은 경험이었어요. 반 친구들과 다같이 책을 소리 내어 읽기도 하고, 책과 관련된 글을 다양한 형식으로 쓰고 나누는 과정에서 좋은 감정도 많이 느꼈고, 저에게 문학에 대한 관심을 더 키워주었거든요. 그래도 역시 제가 슬로리딩을 통해 가장 많이 얻을 수 있었던 것은 글을 쓰는 능력이 아닐까 싶어요. 다양한 관점에서 생각해보며 글을 쓰며 제 글을 더 잘 표현해낼 수 있게 되었다고 생각해요. 이제는 책을 읽고 감상문을

쓰는 것이 어렵지 않아요. 다 슬로리딩 수업에서 했던 글쓰기 수업 덕분이라고 생각해요. 슬로리딩을 하다 보면, 배경지식도 참 많이 얻을 수 있어요. 박완서 작가님의 <그 많던 싱아는 누가 다 먹었을까> 책을 슬로리딩 수업을 통해 수없이 읽었는데 수업을 위해서는 배경 지식을 아는 것이 정말 중요했어요. 그 시대에 대한 올바른 이해가 없다면, 책에 깊이 빠질 수가 없다고 생각해요.

또한 수업 중에 서로를 평가하고 칭찬하는 과정에서 모두가 자신감을 얻을 수 있었어요. 처음부터 모두가 이 수업을 받아들이고 필요한 수업이라고 느끼진 않았을 거예요. '책 한 권을 가지고 과연 학기 내내 수업을 할 수 있을까' 라는 의문을 가질 수 있었을 거고요. 하지만 대다수의 친구들이 그 수업을 좋게 기억하고 있었고, 그 수업이 정말 유익했다고 답변했어요. 다같이 책을 읽고 활동하는 과정에서 친구들은 자신의 능력을 더욱 발전시키고, 자신감을 얻을 수 있었을 거라고 믿어 의심치 않아요. 졸업 이후 대략 2년에서 3년 정도가 지난 지금, 이제 중학교 3학년이 된 저는 제 초등학교 5학년, 6학년 수업이 슬로리딩으로 빛날 수 있었다고 생각합니다. 지금 제 꿈이 국어선생님인 이유에도 슬로리딩이 기여한 점이 있고요. 앞으로도 많은 곳에서도 이러한 수업이 이루어졌으면 좋겠습니다.

(김채현 학생)

(5) 독서량보다 독서의 질 살피기

사람들이 책을 읽을 때 책에 담겨 있는 말 그대로를 받아들이지는 않습니다. 똑같은 글을 읽어도 의미를 다르게 받아드립니다. 사람마다 자기가 살아온 경험과 현재 상황, 인식 수준에 따라 전혀 다른 의미를 만들어 냅니다. 그러므로 학생이 훌륭한 책을 들고 있기에 훌륭한 생각을 한다고 보면 안 됩니다. 선생님이 권한 좋은 책을 학생이 읽고 있다는 것으로 만족해서는 안 된다는 말입니다. 학생이 어떻게 의미를 구성하고 있는지, 그 마음을 선생님이 들여다보고 거기에 끼어들어 몇 마디 대화를 해야 합니다. 그래야 학생은 통념에서 벗어나 지적인 성장을 하게 됩니다.

저희가 2014년 슬로리딩 수업을 시작하면서부터 이전 수업 방식과 바뀐 점이 있는데, 학생들에게 책 몇 권을 읽었는지가 아니라 어떤 책을 어떤 내용으로 읽었는지를 묻는 겁니다. 가끔 이 질문을 학생들에게 하여 친구들과 서로 생각을 나누도록 유도합니다. 때로는 같은 책을 읽은 친구들이 모여 대화하도록 유도하기도 하였습니다. 목적은 학생들에게 책읽기의 즐거움을 알게 하는데 있기 때문입니다.

4 한 학기 한 권 읽기
책 선택 고민하지 않기

한 학기 한 권 읽기 수업을 할 때 현장에서 선생님들의 고민 중에 하나가 '어떤 책을 선택할까'입니다. '항상 책을 접하는 선생님들에게 그런 점이 왜 어려울까?'라고 의아해할 수 있지만 저희가 슬로리딩 수업 관련 강연을 할 때도 선생님들께 이와 관련된 질문을 많이 받습니다. 그런데 이 문제를 해결할 수 있는 아주 간단한 방법이 있습니다.

첫째, 국어 한 단원이 끝나면 지도서의 '들려줄 이야기'에 단원과 연계된 책을 한 권씩 소개하고 있습니다.

이 '들려줄 이야기'[9]는 학생들의 창의성과 인성을 함양하고 독서

9) 〈초등학교 3~4학년군 국어 4-2 교사용 지도서〉, 교육부, 2018년, 242쪽

동기를 불러일으키기 위해 마련한 활동입니다. 단원 학습목표를 충실히 달성하고 다양한 독서 교육활동을 적용해 학생들의 독서 흥미를 북돋우는 데 그 목적을 두고 있습니다. 더욱이 '들려줄 이야기'는 전자 저작물(DVD)로 제작하여 선생님들에게 보급하고 있어 쉽게 활용할 수 있습니다. 한 번 사용해보고 아이들의 반응이 괜찮으면 '한 학기 한 권 읽기' 책으로 활용하면 될 것입니다.

'들려줄 이야기'에서는 학기별로 동화책을 최소 5권 이상 소개하고 있습니다. 구체적으로 살펴보면 3학년 1학기 10권(동시집 1권, 자연과학 1권, 동화 6권, 사회과학 1권), 3학년 2학기 9권(동시집 1권, 자연과학 1권, 동화 6권, 위인전 1권), 4학년 1학기 10권(동시집 1권, 동화 6권, 자연과학 1권, 사회과학 1권), 4학년 2학기 9권(동시집 1권, 인문과학 1권, 동화 5권, 사회과학 1권, 위인전 1권)입니다.

지도서의 '들려줄 이야기'는 제목, 작가 소개, 내용, 독서 교육활동의 사례(최소한 3개 이상)를 소개하고 있어 한 단원을 끝내고 심화활동으로 연결될 수 있도록 하고 있습니다. 국어 교과단원을 끝내고 그 단원의 내용을 심화시켜 적용할 수 있는 책을 소개하고 있다는 점입니다.

예를 들어 보겠습니다. 4학년 2학기 국어 '4단원 이야기 속 세상'은 '이야기의 구성요소를 이해하며 글을 읽을 수 있다'를 단원 학습 목표로 내세우고 있습니다. 이 단원이 끝나고 '전자 저작물 들려줄 이야기'로 〈난 커서 바다표범이 될 거야〉(니콜라우스 하이델바흐, 풀

빛)로 정하고 있습니다. 다른 사항이 많지만 여기서는 '독서 교육활동' 사례만 잠깐 소개하겠습니다. 〈난 커서 바다표범이 될 거야〉의 인물, 사건, 배경 살펴보기, 〈선녀와 나무꾼〉과 〈난 커서 바다표범이 될 거야〉의 배경을 비교하고 인물의 변화나 사건의 흐름 살펴보기, 사건의 흐름을 생각하며 뒷이야기 꾸미기 등입니다.

둘째, 국어 교과서에 실린 작품 목록이 교과서 뒤편에 나와 있습니다.

그 목록 중에서 제가 영상물과 기관 자료를 제외하고 출간된 자료를 분석해보았습니다. 3학년 1학기 수록작품은 27권(동화 12권, 동시집 8권, 인문과학 2권, 예술 1권, 자연과학 4권), 3학년 2학기 수록작품은 18권(동화 9권, 동시집 5권, 인문과학 3권, 자연과학 1권), 4학년 1학기 수록작품은 34권(동화 15권, 동시집 5권, 인문과학 7권, 자연과학 5권, 사회과학 2권), 4학년 2학기 수록작품은 19권(동화 9권, 인문사회 6권, 동시집 4권)이었습니다.

교과서에 수록된 작품은 수업시간에 활용해야하기 때문에 작품의 모든 내용을 읽고 '한 학기 한 권 읽기' 수업작품으로 활용하는 것도 좋을 것입니다.

5 수업에 '한 학기 한 권 읽기' 적용하기

한 학기 한 권 읽기 수업에서 생각할 수 있는 활동은 크게 두 가지로 나눌 수 있습니다. 바로 읽기와 쓰기입니다. 두 가지 활동을 나누어 살펴보겠습니다.

(1) 읽기

일찍부터 책읽어주기를 실천해 오신 강백향 선생님의 말을 잠깐 옮겨 보겠습니다.

> 더는 '책만 많이 읽어라'를 강조할 것이 아니라 한 권을 읽더라도 '책을 제대로 읽어'로 바꾸어야 한다. (중략) 아이들에게 가장 매력적이었던 프로젝트는 '두꺼운 책

읽기"[10] 였다. 도약의 순간을 맛보는 경험이었다. 두꺼운 책을 천천히 읽더라도 기다려 주고, 획일적인 목표량을 정하는 대신 스스로 끝까지 읽어 내는 것에 중점을 두었더니 아이들이 크게 달라졌다. 아이들은 책읽기에 대한 재미를 스스로 찾았고, 스스로 두꺼운 책을 읽어낸 자신에게 감탄했다. 또 좀 더 두꺼운 책을 읽어 보겠다는 도전 의욕이 커지고 성공 경험이 확장되면서 지적 즐거움의 바다를 알게 되었다. 두꺼운 책읽기는 읽기에 대한 자신감을 자연스럽게 향상시킴과 동시에 책 내용에 집중하는 에너지를 키웠다. 한 권을 읽어도 제대로 읽는 연습인 셈이다. 거기에 독해가 자유로워지는 읽기 패턴도 깨우치게 되었다.[11]

강백향 선생님은 두꺼운 책읽기의 힘은 '생각의 창고가 넓고 깊어진다', '깊이 있는 독서의 즐거움을 경험하게 한다', '읽기능력을 무한히 향상시킨다', '단련할수록 정신을 빛나게 한다', '다른 책으로의 도전을 두렵지 않게 한다', '수준 높은 책에 대한 열망을 채워준다', '두꺼운 책읽기의 경험이 두꺼운 책읽기로 이끈다' 등이라고 강조하였습니다. 다만 여기서 저희와 다른 점은 책읽기의 출발점이

10) 여기서 두꺼운 책이란 '지금 읽고 있는 책'보다 분량이 많은 책이다.

11) 〈두꺼운 책읽기의 프로젝트, 초등 공부에 날개를 단다〉 강백향 지음, 한봄, 2014년, 34-35쪽

다르다는 겁니다. 즉 강백향 선생님은 '개별 독서'이고, 저희는 '함께 읽기'에서 '개별 독서'로 바뀌어간다는 점입니다. 그러나 지향하는 목표는 같다고 할 수 있습니다.

강백향 선생님은 학년별로 다른 종류의 책읽기를 권하고 있습니다. 중학년(3~4학년)은 생활동화나 교과 관련 책읽기를 권하고 있습니다. 이 시기는 그림동화, 단편동화, 장편동화 등과 함께 한 시대를 살다간 위인의 삶과 업적으로 다룬 위인전을 읽기 시작하면 좋을 것입니다.[12)]

책 한 권을 다각적으로 살펴보고 공부해 볼 때, 아이들의 사고력이 자라는 것은 당연합니다. 따라서 처음부터 무조건 책을 읽으라고 던져주는 형태가 아니라 목적이 있는 독서지도 활동이 이루어져야 할 것입니다. 예전에 제가 학생일 때 국어선생님이 저희에게 강조하시던 말이 있습니다.

"책을 읽을 때 모르는 낱말이 나오면 즉석에서 국어사전을 찾아보는 습관을 길러라. 그러면 낱말 실력이 몰라보게 늘고 그에 따라 국어실력도 크게 향상된다."

당시에 제가 무척이나 좋아하던 선생님이어서 저는 이 말을 매우 성실히 수행하는 학생이었습니다. 하지만 제가 학생들을 가르치는 입장이 되어 책읽기를 지도하다보니 생각을 달리 하게 되었습니다.

---

12) 〈초등 공부 독서가 전부다〉 강백향 외 4인 지음, 한스미디어, 2013년, 55쪽

저는 책을 읽을 때 모르는 낱말을 찾는 것은 독서의 즐거움을 깨는 일이라고 생각합니다. 저의 예전 국어선생님께는 죄송하지만 책을 읽을 때는 흐름을 놓치면 재미가 없어지기 때문에 책 읽는 도중에 국어사전 찾기는 별로 권하고 싶지 않습니다. 책읽기가 시험을 위한 지식 습득의 '공부'였던 시절과 지금은 많이 다르기 때문입니다. 강백향 선생님도 저와 같은 의견을 피력하기도 했습니다.

가. 읽기의 효과

'한 학기 한 권 읽기' 수업에서 읽기는 소리 내어 읽는 것을 전제로 하고 있습니다.

소리 내어 읽으면 눈만으로 읽는 것보다 다른 생각의 방해를 덜 받게 되어 좀 더 집중할 수 있습니다. 정여울 작가는 〈소리 내어 읽는 즐거움〉(홍익출판사)이라는 책에서 '오감의 활성화', '마음 챙김', '내 안의 또 다른 나와 대화하는 느낌' 등을 준다고 하였습니다.

이처럼 소리 내어 읽기는 일찍이 우리 조상들이 몸소 실천하여 왔습니다. 그 대표적인 사례가 서당에서 천자문을 소리 내어 읽는 것입니다.

저희는 2014년 EBS다큐프라임 '슬로리딩, 생각을 키우는 힘'을 촬영하면서 5학년 아이들과 함께 전북 김제에 있는 학성강당으로 1박 2일 서당체험학습을 떠났습니다. 요즘 학생들의 정서와 맞지 않을 수도 있는 서당 학습에 학생들이 너무 지루해하지 않을까하는 걱

정도 있었습니다. 하지만 막상 〈천자문〉과 〈사자소학〉을 소리 내어 읽고 따라하는 아이들은 무척 즐거워했고, 체험학습을 연장하자는 학생들의 요청을 받기도 하였습니다. 그 이후 학교로 돌아와 수업 시간에 작품을 읽을 때 저희와 아이들이 번갈아 가며 소리 내어 읽는 수업을 하였습니다.

이외에도 책을 소리 내어 읽을 때의 장점은 생각보다 훨씬 많습니다. 그 중에 많이 알고 있는 대표적인 몇 가지만 알아보겠습니다.

첫째는, 책 내용이 잘 기억됩니다.

지금의 학부모님들이 대학입시 공부할 때, 교과서를 눈으로 보면서 외울 때보다 외우고자 하는 대목을 연습장에 써가며 외운 경험이 있을 겁니다. 그러면서 자기도 모르게 소리 내어 중얼거렸을 겁니다. 그렇게 하면 훨씬 잘 외워진다는 걸 경험으로 알기 때문에 그런 방식으로 공부를 하였습니다. 우리의 기억은 몸 전체를 활용했을 때 뇌에 가장 잘 새겨집니다. 시각만 활용하는 것보다 청각, 후각, 미각, 촉각 등등 오감을 많이 활용할수록 기억은 더 잘 되고 오래갑니다. 책을 소리 내어 읽으면 시각, 청각, 발성 등 적어도 3가지 이상의 감각을 자극하게 됩니다.

둘째는, 자기도 모르게 발성 연습이 됩니다.

인간관계에서 가장 많이 사용되는 도구는 언어이고 그 중에서도 '말'입니다. 그런데 말에는 그 사람의 성격은 물론 세계관 등이 모두 내포되어 있습니다. 말에 실린 감정, 말의 속도, 목소리 크기 등에는 그 사람의 성격이 그대로 반영된다는 의미입니다. 그러므로 말할 때 발음의 정확성은 그 사람의 첫인상을 결정짓는 매우 중요한 요소가 됩니다. 말할 때 발음을 흘리거나 새는 등 발음이 명확하지 않으면 듣는 사람은 무의식 중에 그 사람의 정신도 똑바르지 않다고 생각할 수 있습니다.

셋째는, 자신이 하는 말에 음률이 생깁니다.

프랑스 어를 모르는 사람들도 프랑스 어는 듣기 좋다고 합니다. 그 이유는 프랑스 어에는 음률이 있기 때문입니다. 프랑스 어가 음률을 지니고 있는 이유는 프랑스에서는 어릴 때부터 시 읽기를 많이 하는 것이 이유입니다. 시는 음률을 중요시하기 때문에 시를 많이 읽고 외우면 자신이 하는 말에 음률이 생깁니다. 마찬가지로 소리 내어 책읽기를 하다보면 자신도 모르게 자신이 하는 말에 음률을 만들게 됩니다. 왜냐하면 무미건조하게 같은 톤으로 책을 읽게 되면 재미가 없어 좀 더 재미있게 읽기 위해 스스로 음률을 만들어야 하기 때문입니다. 그러다보면 평상시에 자신이 하는 말에도 음률이 생겨, 말을 할 때 듣는 사람은 명확한 이유를 모르면서도 왠지 기분이 좋아집니다.

넷째는, 자신감을 길러줍니다.

예전에 대기업 신입사원이 되면 공개 스피치라고 하여 사람들이 많이 다니는 길이나 광장에서 큰소리로 자신을 소개하거나 어떤 주제로 연설을 하라는 과제가 주어지기도 했습니다. 자신감을 기르기 위한 훈련이었습니다. 즉 큰소리로 말할 때의 효과를 기업에서 활용한 건데, 소리 내어 읽기와 원리는 같습니다. 책을 큰소리로 읽다보면 자신도 모르게 자신감이 생깁니다. 자신 있는 사람만이 목소리에 힘이 들어가고 큰소리로 말할 수 있기 때문입니다. 그래서 소리 내어 읽기는 특히 내성적인 아이들에게는 꼭 권해주고 싶은 방법입니다.

나. 읽기 방법

책을 읽어주는 방법은 매우 많습니다. 저희는 아이들과 제가 번갈아가면서 한 문장씩 읽는 방식, 혹은 저희가 읽어주는 방식을 택했습니다. 다른 선생님은 한 명씩 돌아가면서 정해진 한 쪽 또는 일정한 쪽수를 읽게 하거나, 모둠에서 한 명이 한 쪽 또는 일정한 쪽수씩 돌아가면서 읽어주는 방식을 취하기도 했습니다. 이것을 흔히 '전기수 읽기'라고 합니다. 전기수 읽기를 잘 할 정도면 어느 정도 읽기에 익숙해져 있을 것이고, 이때부터는 등장인물에 몰입해 감정까지 살려서 읽으면 더욱 좋습니다.

그림책을 읽을 경우에는 대표 학생이 읽어주는 동안 다른 학생들에게는 책의 글자를 같이 따라가며 읽지 말고 글은 귀로 듣고, 눈으로는 그림만 볼 것을 당부하는 것도 좋을 것입니다. 여러 선생님들의 사례에서 그 예를 찾아 볼 수 있었습니다.

다. 책읽기의 고민

아이들이 하나의 작품으로 수업에 임하기 위해 가장 기본적인 사항은 책 내용을 먼저 알아야 한다는 겁니다. 이를 위해 많이 하는 방법이 책을 읽게 하는 것입니다. 그런데 책을 읽게 하는 방법으로, 학생 스스로 읽게 할 것인지, 아니면 선생님과 아이들이 같이 읽을 것인지 생각해봐야 합니다.

온작품읽기를 처음 시작한 남한산초등학교에서는 처음에 2주 단위로 집에서 책을 읽어오게 한 후 수업을 진행하였습니다. 이때 모든 아이들이 다 읽어오면 수업을 진행하는데 아무런 문제가 없지만 이것은 현실적으로 불가능합니다. 그래서 우리는 수업시간에 선생님과 아이들이 책을 같이 읽는 방법을 고민해야 합니다.

저희는 〈잃어버린 일기장〉(전성현, 창비)를 수업시작 후 5분 정도 읽어주고 3주 뒤에 수업을 진행했는데 아무런 문제가 없었습니다. 3주는 아이들이 한 권의 동화책을 한 번 읽는데 소요되는 기간이며, 아이들이 한번쯤 전체적인 내용을 들어서 알고 시작하면 모두가 활동을 할 수 있기 때문입니다. 책을 읽을 때는 앞에 읽었던 내용을 서로 잠깐 이야기한 후 다음을 읽어나가는 방법을 택했습니다. 그때 아이들은 4학년이었는데 책 내용을 저희보다 더 명확하게 기억했습니다.

흔히 '책읽어주기'는 저학년에 적합한 활동으로 생각할 수 있지만 전혀 그렇지 않습니다. 저희는 6학년에서도 이런 점을 확인했고,

〈교사를 위한 온작품 읽기〉(최은경, 창비)에서도 고학년을 대상으로 1주일에 한 번씩 책읽기 활동을 재미있게 진행한 사례를 볼 수 있습니다. 다만 알아두어야 할 사항이 있는데, 그것은 책읽기 방법을 선택할 때 선생님이 혼자 결정해 아이들에게 통보하는 방법보다는 아이들과 의논하여 서로 함께 결정해야 한다는 겁니다. 아이들과 함께 어떻게 읽을지를 고민하고 약속한 뒤, 그 약속이 착실하게 이행된다면 선생님과 아이들이 교실에서 한 권의 책을 온전히 읽는 것은 어렵지 않을 것입니다. 진정한 한 권 책읽기는 아이들에게 새로운 경험을 심어주는 의미 있는 활동이 될 것입니다.

라. 책을 읽어주기 전 준비사항

아이들에게 책을 읽어주기 전에 가장 중요한 점은 수업시간에 책을 읽는 것이 '공부'라는 두려움과 선입견을 없애는 것입니다. 즉 아이들과 책이 서로 만날 준비를 해야 합니다. 이를 위해 아이들에게 읽어줄 책은 꼭 선생님들이 먼저 읽어 보고 재미와 감동이 있는지 살펴봐야 합니다.

저희는 〈그 많던 싱아는 누가 다 먹었을까〉, 〈랑랑별 때때롱〉, 〈잃어버린 일기장〉, 〈프린들 주세요〉, 〈초정리 편지〉 등을 읽고서 저희 나름대로 감동을 느꼈습니다. 재미있다는 걸 저희가 확인한 뒤 아이들에게 권했고, 저희가 느꼈던 감동과 여운은 아이들도 비슷하게 느꼈다고 합니다. 이런 공감은 수업시간에 여러가지 활동을 하는데 많은 도움이 되었습니다.

선생님은 작품을 읽으면서 아이들이 삶에 대한 질문을 찾고 자신의 삶과 연결 지을 수 있도록 도와주어야 합니다. 〈그 많던 싱아는 누가 다 먹었을까〉는 시대적 배경이 1930년대입니다. 거의 80년이 지난 이 시점에서 아이들이 내용을 이해할 수 있을까 하는 의문이 들었습니다.

이 소설은 박완서 작가의 자전적 소설로 자신의 초등학교 5학년 때 이야기를 자세히 서술한 부분이 있습니다. 즉, 담임선생님은 시험을 본 결과 성적이 오르지 않았을 경우 짝꿍끼리 서로 뺨을 때리는 벌을 내렸습니다. 저희는 아이들과 함께 이 교육방법이 맞는지 토론을 했습니다. 토론에 참여한 한 여학생은 자신의 동생에게 양해를 구하고 뺨을 살짝 때리고 기분이 어떤지를 물었다고 합니다. 이런 사례를 토론에 그대로 적용하였고 토론은 매우 흥미진진하게 전개되었습니다. 80년 전의 일이지만 아이들은 현재의 삶에 연결시켜 이해하려고 노력하였습니다. 저희는 그런 아이들을 보고 한편으로는 대견하고, 이런 방식으로 하면 되겠구나 하는 생각이 들었습니다. 이와 같은 읽기 방법은 동화에 적용할 수 있고, 시 읽기는 조금 다른 방법이 있습니다.

시 읽기 방법은 김제곤 선생님이 쓰신 글[13]을 인용해보겠습니다.

---

13) 〈교사를 위한 온작품 읽기 초등학교 한 학기 한 권 읽기 안내서〉 원종찬 외 11인 지음, 창비, 2019년, 100쪽

첫째, 좋은 시는 뜻(내용)과 소리(형식)가 조화로운 결합을 이루고 있으므로 시를 이루는 그 두 요소를 두루두루 살피고 느껴야 합니다.

둘째, 시를 깊이 읽으려면 추체험과 공감능력을 발휘해야 합니다.

추-체험(追體驗)은 다른 사람의 체험을 자기의 체험처럼 느끼거나 또는 이전 체험을 다시 체험하는 것처럼 느끼는 것을 말합니다.

마지막 셋째는, 시가 지닌 독특한 담화 방식에 대한 이해가 필요합니다.

궁극적으로 염두에 둘 것은 시는 머리로 읽는 것이 아니라 가슴으로 읽는 무엇이어야 한다는 것입니다. 아이들과 마음으로 소통하는 시 읽기를 하기 위해서는 평소 동시에 관심을 갖고 찾아보는 습관이 필요합니다. 선생님 스스로 감동을 받은 시는 꾸준히 스크랩해서 자신만의 선집으로 정리해두는 것도 유용합니다. 교실에서 아이들과 마음으로 시를 나눌 때는 선생님은 답을 가르쳐주는 사람이기보다는 어디까지나 질문을 던지는 사람이었으면 합니다. 그리고 아이들의 답을 들을 때 역시 선생님은 포용의 태도를 가져야 합니다. 선생님의 그런 태도가 전제될 때, 시 읽는 시간이 더 한층 생기 있고 의미 있는 시간이 될 것입니다.

흔히 아이들에게 처음 책을 읽어줄 때 선생님이 갖는 의구심 중에 하나가, '과연 아이들이 잘 들을까?'일 겁니다. 저희 역시 그랬습니다. 하지만 이것은 기우에 불과했습니다. 아이들은 잘 들었고 매시간 5분 정도 읽어주는 시간을 매우 아쉬워했습니다. 저희는 4학년, 5학년, 6학년 아이들에게 〈랑랑별 때때롱〉, 〈잃어버린 일기장〉, 〈초정리 편지〉, 〈그 많던 싱아는 누가 다 먹었을까〉 등을 읽어주면서 '우리 아이들은 귀로 듣는 즐거움을 아는구나' 하는 생각이 들었습니다. 이런 사례는 여러 선생님들이 쓰신 책에서도 찾아 볼 수 있습니다.

(2) 쓰기

문학 영역 중 가장 기본적인 성취기준으로 '문학 [6국04-01] 문학은 가치 있는 내용을 언어로 표현하여 아름다움을 느끼게 하는 활동임을 이해하고 문학 활동을 한다.'로 되어 있습니다.

언어로 표현한다는 점은 쓰기가 기본임을 누구나 알고 있습니다. 그런데 현재 현장에 계신 선생님들이 이 쓰기를 부담 없이 가르칠 수 있을까요? 또 학생들은 선생님들이 가르치는 방법을 익혀 쉽게 책을 읽고 줄거리나 자신의 생각을 자유롭게 쓸 수 있을까요? 저희 생각에는 국어 5가지 영역(듣기 · 말하기, 읽기, 쓰기, 문법, 문학) 중에서 선생님들이 가장 부담스러워하는 영역이 '쓰기'일 겁니다.

우리 선생님들은 3학년 2학기 때 시 쓰기를, 4학년 2학기 때 독서 감상문 쓰기를 수업에 적용하도록 되어 있습니다. 이런 어려움을 송승훈 선생님은 또래의 글을 제시하면 쉽게 해결된다는 방법을 제시하고 있습니다. 〈나의 책읽기 수업〉(송승훈, 나무연필)에서 이런 방법으로 수업을 했을 때 학생들은 방향을 잡고 쉽게 썼다고 합니다. 저희도 〈그 많던 싱아는 누가 다 먹었을까〉(박완서, 세계사) 서평을 쓸 때 인터넷 서점인 '예스24' 홈페이지에서 같은 또래의 글을 출력해 읽게 한 후 서평을 쓰게 한 적이 있습니다. 내용을 그대로 베끼라고 한 것이 아니라 어떻게 썼는지 참고만 하라고 했습니다. 선생님들도 이런 방법을 쓴다면 아이들에게 서평 또는 독서 감상문을 쓰는 수업이 훨씬 쉬워질 겁니다.

이런 쓰기는 아이들의 삶과 밀착된 주제이어야 아이들도 흥미를 느끼고 자기 개성과 능력껏 글을 쓸 수 있습니다. 아이들이 자신의 이야기를, 자신의 삶을 말할 수 있을 때 우리 교육도 살아납니다.[14)]

그런데 서평이나 독서 감상문을 쓸 때 가장 기본은 문단 쓰기일 것입니다. 제가 초등학교 다닐 때 가장 어려웠던 것 중에 하나가 문단 나누기였습니다. 문단 나누기를 제대로 이해한 것은 아이들에게 어떻게 가르칠 것인가를 고민하면서부터입니다. 이가령 선생님이 문단 가르치는 방법을 제시했는데, 문단을 가장 쉽게 설명하는 방식은 '하나의 이야기 덩어리' 라고 말해주는 것이랍니다. 이야기 덩어리를 하나씩 나누는 게 문단을 나누는 것이라고 가르쳐 3학년,

---

14) 〈재미있게 가르치고 신나게 쓰는 이가령 선생님의 싱싱글쓰기〉 이가령, 지식프레임, 2015년, 190쪽

4학년 때부터는 문단을 나누면서 글을 쓰도록 지도해 주세요.[15)]

또 문단 나누기 연습을 교과서로 해볼 수도 있습니다. 교과서는 수많은 전문가 선생님들의 검토를 거쳐 완성된 교재이기 때문에 어떤 책보다도 정확한 단어와 문장, 그리고 문단을 선택하고 있습니다.

방법은, 먼저 교과서의 1~2페이지 정도의 내용을 컴퓨터 문서 프로그램 등으로 옮겨 적은 뒤 출력합니다. 이때 책 내용의 문단을 나누지 말고 모두 연결해서 한 덩어리로 입력한 뒤 출력해야 합니다. 그런 뒤 출력물을 보면서 학생 자신이 생각할 때 문단을 나누어야 할 부분에 '/' 표시를 넣어 스스로 문단을 나누어보는 겁니다. 그런 뒤 실제 교과서와 비교해보면 문단을 옳게 나누었는지를 즉석에서 알 수 있습니다. 이런 연습을 자꾸 하다보면 문단의 개념은 저절로 터득하게 됩니다.

가. 독후감 쓰기

이가령 선생님은 〈재미있게 가르치고 신나게 쓰는 이가령 선생님의 싱싱글쓰기〉(이가령, 지식프레임)에서 독후감 잘 쓰는 비결 7가지를 소개하고 있습니다.[16)] 떠오른 느낌 그대로, 책과 비슷한 경험

---

15) 〈재미있게 가르치고 신나게 쓰는 이가령 선생님의 싱싱글쓰기〉 이가령, 지식프레임, 2015년, 193쪽

16) 〈재미있게 가르치고 신나게 쓰는 이가령 선생님의 싱싱글쓰기〉 이가령, 지식프레임, 2015년, 241-253쪽

을 살려서, 감동받은 장면을 중심에 놓고, 다른 책과 견주어 보며, 인물의 성격을 살피면서, 책과 사회를 연결 지어, 정성껏 소개하기 등입니다. 이 7가지 비결에서 엿볼 수 있는 점은 쓰는 사람이 중심이 되어 경험을 살려야 한다는 점, 삶과 연결되어야 한다는 점 등으로 요약될 수 있습니다.

하지만 독후감 쓰기를 할 때 주의할 점도 있습니다. 지금의 30대 이상 학부모님들이 책읽기를 싫어하는 가장 큰 이유는, 어릴 때 책을 읽고 난 뒤 강제로 독후감을 쓰게 했던 교육환경 때문이라는 의견이 있습니다. 저희 생각에도 맞는 것 같습니다. 저희가 어릴 때는 '독후감 노트'라는 것이 있어서 책을 읽은 뒤 의무적으로 독후감을 써야 했고, 독후감 숙제도 있었으며, 쓰지 않으면 체벌을 받기도 했습니다. 그러니 책읽기가 고역일 수밖에 없었습니다.

그러므로 우리 아이들에게는 책을 읽은 뒤 독후감 쓰라고 강요하지 말았으면 합니다. 독후감을 쓰게 하는 것이 아니라 독서 후 독후감 쓰는 행위가 즐거움이 되도록 해줘야 합니다. 독후감을 쓰면 좋은 점이 너무너무 많기 때문입니다.

서평은 다른 사람에게 보여주기 위한 목적으로 쓰지만, 독후감은 보여줄 수도 있고 혹은 책 읽은 후의 자신만의 생각을 정리한다는 의미도 크기 때문에 독후감을 쓸 때는 반드시 책 내용만을 포함할 필요는 없습니다. 그 책을 읽을 때 좋았던 점, 기억에 남는 점 등을 쓰면 그게 가장 좋은 독후감이 됩니다. 예를 들어 등장인물 중 어느 한 인물이 좋으면 그 인물에 대해서 나름대로 평가를 해도 좋고, 책의 배경에 대해서만 써도 좋습니다. 어떤 방식으로든 책 읽은 후 본인 감상을 쓰기만 하면 됩니다. 그러면 책 내용이 자신의 경험에 맞게 자신의 머릿속에 재편집되어 기억됩니다. 시간이 훨씬 지난 뒤 자신이 썼던 독후감을 읽어보면 책 내용이 다시 기억날 뿐만 아니라 자신의 독서 능력이 얼마나 성장되었는지 한눈에 알 수 있는 즐거움을 맛보게 됩니다.

나. 서평 쓰기

서평 쓰기 수업에서 성패를 가르는 지점은 책을 다 읽고 난 후 가장 먼저 하게 되는 '질문이 담긴 활동지 쓰기'입니다. (중략) 여기에서 책 속의 질문이 '내 삶의 질문'이 되어야 합니다. 서평에 어떤 내용을 써야할지 몰라 막막해하는 아이들을 위한 길잡이인 셈입니다.[17]

다. 토론 후 글쓰기

토론 후 글쓰기로 마무리를 강조하는 사례가 종종 있습니다. 그 내용을 잠깐 언급하여 보겠습니다.

> 모둠 토의와 전체 토론을 바탕으로 글쓰기 수업을 진행한다. 토론 이후 자신의 생각을 정리해보는 시간이다.

---

17) 〈한 학기 한 권 읽기〉 송승훈 외 5인 지음, 서해문집, 2019년, 67쪽

'구슬이 서 말이라도 꿰어야 보배라' 라는 속담이 있듯이, 이제까지의 수업이 알차게 진행되었어도 마무리 단계에서 아이들이 제대로 글쓰기를 하지 못하면 결국 각자의 성취로 남기 어렵다. 글쓰기를 통해 자신의 생각이 한 단계 성숙해지고 확장되는 성취감을 느끼도록 도와줘야 한다. 토론 이후 이렇게 주장과 적절한 근거를 가지고 논리적으로 자기 생각을 표현해보는 경험은 아이들에게 자신감을 준다. 교사들의 평가를 위해서도 이 과정은 도움이 된다.[18)]

명혜정 선생님은 〈토론의 숲에서 나를 만나다〉(명혜정, 살림터)에서 독서 토론의 정착은 글쓰기라는 점을 다음과 같이 강조하고 있습니다. 잠깐 내용을 살펴보겠습니다.

학생들이 싫어하는 글쓰기가 토론을 하고 나서 쓰면 술술 풀린다. 글쓰기 과정이 지루하고 재미없다는 느낌이 사라지고 글감이 많아져서 무엇을 선택할까 머리를 굴리게 된다. 학생들이 부담 없이 글을 쓸 수 있게 교사는 되도록 개입하지 않는 것이 좋다. 교사가 글감은 어떻게 찾고 개요는 어떻게 작성하는지 요구를 많이 하면 학생들이 흥미를 잃을 우려가 있기 때문이다. 학생들이

18) 〈한 학기 한 권 읽기〉 송승훈 외 5인 지음, 서해문집, 2019년, 290쪽

> 다섯 줄을 쉽게 쓰기 시작하면 그것을 확장시켜 다섯 문단 쓰기를 시도하면 된다. 다섯 줄이 각 문단의 중심 문장이 되고 그것을 뒷받침하는 문장을 세 줄씩만 쓰게 해도 짜임새 있는 글이 될 수 있다. 그러면 평소에 부담스럽던 글쓰기가 아주 쉽게 이루어질 수 있다는 것을 체험하게 된다.[19)]

〈말랑말랑 그림책 독서 토론〉(강원토론교육회, 단비)에서 최고봉 선생님은 이유나 근거를 세 가지 정도를 제시할 필요가 있다고 강조하고 있습니다. 이유가 세 가지보다 적을 경우에는 선택한 입장의 논리가 빈약해 보이고 반대로 근거가 네 가지를 넘을 경우에는 중복되거나 이유 간의 균형이 깨질 가능성이 커질 수 있다고 하였습니다. 저희도 이 점을 생각해 토론할 때 세 가지 정도 이유나 근거를 들게 하고 있습니다.

① 친구들과 생각나누기

학생들이 토론 후에 쓴 글을 올리도록 하고 출력하여 합평회를 열어야 합니다.

주제와 뒷받침하는 문장이 잘 들어맞는지, 문단 정리는 잘 되었는지, 글의 장점이 무엇인지, 주제와 관련이 없어 삭제할 문장은

19) 〈토론의 숲에서 나를 만나다〉 명혜정, 살림터, 2013년, 9쪽

어떤 것인지 등 다섯 가지 정도의 관점을 제시한 후 친구의 글에 대해 감상을 나누도록 합니다. 이때 학생들은 대체로 친구들의 글 보는 것을 대단히 즐거워하며 많은 의견이 쏟아져 나옵니다. 친구들의 글은 전문가의 글보다 흡인력이 강해 몇 번의 합평회를 거치면 학생들의 글이 눈에 띄게 달라집니다. 모방과 창조력이 발휘되어 친구보다 더 좋은 글을 쓰기 위해 기지를 발휘하기 때문입니다.[20)]좋은 글은 아이들에게 해냈다는 성취감과 함께 자존감을 심어 줄 것입니다.

② 고쳐쓰기

글쓰기 수업에서는 모두 고쳐쓰기(퇴고)가 필요합니다.

친구들이나 교사의 피드백을 통한 고쳐쓰기 과정을 거치지 않으면 아이들의 글쓰기 실력은 성장하지 않습니다. 하지만 [시 경험 쓰기]는 글의 특성상 개인의 가족사나 아픈 기억 등 내밀한 이야기가 많이 쏟아져 나옵니다. 그래서 글은 친구들끼리 돌려 읽고 피드백을 하는데 상당한 부담이 따릅니다. 만일 고쳐쓰기를 할 예정이라면 선생님이 읽고 피드백을 해주는 과정만 넣거나, 아이들에게 동료평가를 할 예정임을 미리 공지하고 동의를 얻는 게 좋습니다.[21)]

20) 〈토론의 숲에서 나를 만나다〉 명혜정, 살림터, 2013년, 10쪽

21) 〈한 학기 한 권 읽기〉 송승훈 외 5인 지음, 서해문집, 2019년, 369쪽

③ 글쓰기 방법

•◦ 한 줄 글쓰기

'한 줄 글쓰기'는 각 참여자가 하나의 문장을 쓰고, 각자의 문장을 모아 글을 완성하는 방법입니다. 각자 한 문장을 쓰지만, 이렇게 모인 문장은 모둠원 수만큼 증가합니다. 각 모둠에서는 이렇게 모인 문장의 순서를 결정하면 됩니다.

한 줄 글쓰기의 핵심은 협의를 통해 최대한 완성도가 높은 글을 만드는 것입니다. 한 줄 글쓰기는 광고 만들기와 별도로 국어 수업, 각 교과의 단원 정리 등에도 효과적으로 사용할 수 있습니다.[22)]

•◦ 핵심 낱말로 글쓰기

책을 읽고 핵심 낱말을 찾아 서로 의미있게 연결하여 글쓰기를 하는 방법입니다. 국어과의 성취기준에 제시된 내용이기도 하고, 요약하기는 중심내용을 정리하는 활동으로 글의 중심내용을 알아야만 요약을 잘 할 수 있습니다. 이 활동은 후에 토론을 위한 준비에서도 꼭 필요한 활동입니다. 저학년은 낱말의 개수를 적게 설정하고, 고학년은 학생들 수준에 맞게 1~2개에서 차차 늘려 나가고 '핵심 낱말로 요약하기'에서 '핵심 낱말로 내 생각 정리하기'로 활동하는 것이 좋을 것입니다.[23)]

---

22) 〈말랑말랑 그림책 독서 토론〉 강원토론교육연구회 지음, 단비, 2019년, 214–215쪽

23) 〈말랑말랑 그림책 독서 토론〉 강원토론교육연구회 지음, 단비, 2019년, 242쪽

•◦ 그대로 베껴쓰기

이 방법은 단시간 내에 문장력을 키울 수 있는 방법인데, 보통은 작가 지망생들이 습작기에 문장력을 키우기 위해 많이 하는 방법입니다.

자신이 좋아하는 동화나 소설 작품을 선택해 내용을 원고지에 그대로 베껴쓰거나, 컴퓨터에 옮겨 쓰는 방식입니다. 지금은 원고지 사용을 거의 하지 않기 때문에 워드나 한글 등 컴퓨터 문서 프로그램에 타이핑하는 경우가 많은데 개인적으로는 컴퓨터 보다 원고지에 베껴쓰는 방식을 권해드리고 싶습니다. 원고지에 베껴쓰는 방식이 여러가지로 좋은 점이 많기 때문입니다.

학생들이 사회에 나가면 원고지 쓸 일은 이제 거의 없을 겁니다. 즉 지금이 아니면 원고지를 접할 기회가 없다는 건데, 원고지에 글을 쓰면 글씨 모양도 좋아지고, 띄어쓰기에 신경을 쓰게 되며, 또 자기 글의 장단점도 확연하게 나타납니다. 또한 한때 유행했던 컬러링북의 효과를 기대해볼 수도 있습니다. 사람들이 컬러링북에 열광했던 이유는 몰입 효과 때문입니다. 아무 생각 없이 그림에 색칠을 하다보면 무아지경 상태가 되어 시간 가는 줄 모르게 됩니다. 그런 상태가 되면 심박수가 느려지고 뇌가 단순 활동만을 하게 되어 스트레스도 해소됩니다. 그런 효과가 원고지 베껴쓰기에서도 나타납니다.

일단 작품 베껴쓰기를 계속하다보면 해당 작품 작가의 문장을 닮아가고 띄어쓰기, 낱말 습득 등의 효과를 크게 볼 수 있습니다.

6 실제 수업에 적용하기

(1) 3학년 1학기 수업 적용 방법

- 3학년 1학기 독서단원 목표 및 주요활동 -

학년 학기	단원 성취기준	단원 학습목표	차시 학습목표	주요활동
3-1	읽기⑸ 읽기 경험과 느낌을 다른 사람과 나누는 태도를 가진다. 쓰기⑸ 쓰기에 자신감을 갖고 자신의 글을 적극적으로 나누는 태도를 가진다.	책을 끝까지 읽고 중요한 내용이나 인상 깊은 장면을 말할 수 있다.	읽을 책을 정하고 내용을 예상할 수 있다.	• 표지와 그림을 살펴보고 내용 예상하기
			자신의 경험과 관련지어 책을 읽을 수 있다.	• 자신의 경험과 관련지어 책읽기
			책 내용을 간추릴 수 있다.	• 선택① 새롭게 안 내용 정리하기 • 선택② 인상 깊은 장면 표현하기 • 선택③ 인물에게 선물하기

- 3학년 1학기 독서단원과 연계한 단원 재구성 -

단원	단원 학습목표	주요활동(국어 교과서를 중심으로)
7. 반갑다, 국어사전	국어사전을 활용하며 글을 읽을 수 있다.	• 국어사전에 대해 알기 • 국어사전에서 낱말을 찾는 방법 알기 • 형태가 바뀌는 낱말을 국어사전에서 찾기 • 국어사전을 활용하며 글읽기 • 국어사전에 찾은 낱말을 이용한 짧은 글짓기

책을 읽을 때 모르는 낱말을 찾는 것이 기본입니다. '7. 반갑다, 국어사전' 단원을 미리 공부하면서 사전 찾는 방법을 익히면 많은 도움이 될 것입니다. 모르는 낱말을 찾을 때 무조건 모르는 낱말을 먼저 찾지 않고 앞뒤 문맥을 보면서 짐작하여 보고 찾도록 하는 것이 필요합니다. 모르는 낱말을 매번 찾다가 책읽기가 뒤로 밀릴 수도 있기 때문입니다.

요즘은 인터넷 포털에서 사전 기능을 제공하다보니 실제 사전 찾는 경우는 거의 없을 수도 있습니다. 하지만 단어만 입력하면 뜻이 나오는 인터넷 포털 사전과 실제 국어사전의 차이는 효과면에서 매우 다릅니다. 국어사전에서는 해당 단어를 찾기 위해 위아래 단어를 모두 보게 됩니다. 그만큼 많은 단어를 접하게 되지만, 인터넷 사전은 해당 단어만을 접하게 됩니다. 즉 찾는 시간은 빠르지만 해당 단어 외에 새로운 단어를 접할 기회는 거의 없습니다. 또한 국어사전을 찾기 위해서는 반드시 자음과 모음, 그리고 그 나열 순서를 알아야 합니다. 가장 기본적인 국어 지식을 습득해야만 가능한 일입니다. 그러므로 학생 때는 인터넷 사전보다는 직접 국어사전을 찾아보는 방식이 더 좋습니다.

이 단원은 국어사전에서 여러 낱말의 뜻을 찾아보는 활동으로 국어사전의 유용성을 알고 국어사전을 즐겨 활용하는 습관을 기르는 것이 목적입니다.

단원	단원 학습목표	주요활동
독서단원 〈바삭바삭 갈매기〉	책을 끝까지 읽고 중요한 내용이나 인상 깊은 장면을 말할 수 있다.	• 〈바삭바삭 갈매기〉 표지와 그림을 보고 내용 예상하기 • 〈바삭바삭 갈매기〉를 자신의 경험과 관련지어 모둠별 책읽기 • 〈바삭바삭 갈매기〉 내용을 간추리기

독서단원을 별도로 분리하지 않고 교과서에 수록되어 있는 〈바삭바삭 갈매기〉 작품을 중심으로 같이 읽고 전체적인 내용을 간추리는 활동으로 독서단원 수업을 해보면 좋을 것입니다.

〈바삭바삭 갈매기〉(전인걸, 한림출판사)는 속지를 포함하여 21쪽 단편동화로 한 시간 내에 읽을 수 있습니다. 표지와 그림 등을 보고 내용을 예측하여 보기, 선생님이 전체적으로 한번 읽어 주기, 모둠별로 돌아가면서 읽기, 읽은 후 생각이나 느낌 나누기 등을 하면 될 것입니다. 읽은 내용 간추리기는 모둠별로 한 문장씩 쓰게 하고 모둠별로 순서를 정하여 하나의 글로 완성하게 하면 됩니다.

단원	단원 학습목표	주요활동(교과서를 중심으로)
1. 재미가 톡톡톡	감각적 표현의 재미를 느끼며 작품을 읽을 수 있다.(수록동화: 〈바삭바삭 갈매기〉)	• 이야기 전체 내용을 되새겨보기 • 이야기를 읽고 생각이나 느낌을 나누기 • 이야기에 나타난 감각적 표현을 알고 찾기 • 인물에게 편지 쓰기

1단원 '재미가 톡톡톡'은 감각적 표현에 주의하며 시나 이야기를 읽는데 중점을 둡니다. 감각적 표현은 문학작품에서 구체적인 이미지를 형성하고 정서를 환기하는 역할을 합니다. 그러나 감각적 표현 자체에 치우치지 않고 재미있고 실감나는 표현의 일부로 감각적 표현에 접근하도록 합니다.

(글쓰기)

작품명	전체 리뷰	포토 리뷰	스타블로거 리뷰	독후감	한줄평	출처
바삭바삭 갈매기	20	10	11	5	9	예스24

(2019. 7. 24 현재)

인터넷 서점 예스24 홈페이지에 있는 또래 감상문(어린이 독후감 대회 참여작)을 복사하여 나누어 주고 참고하라고 합니다. 일정한 형식을 요하기보다는 서로 생각을 나눈다는 차원에서 모둠에서 읽어보고 자신의 생각이나 느낌을 이야기한 후 써보게 합니다.

이때 우리 아이들이, 책을 읽은 후 의무적으로 썼던 옛날 방식의 독후감 쓰기로 받아들이지 않도록 세심하게 배려해야 합니다. 숙제로까지 해야했던 옛날 강제 독후감 쓰기는 아이들이 책과 멀어지게 되는 큰 원인이었기 때문입니다. 책을 읽은 뒤 줄거리와 자신의 느낌을 기록하는 행위가 즐겁게 느껴지도록, 선생님들이 자기 학급의 학생들 성향이나 여건 등에 맞춰 여러 가지 방법을 연구해야 한다는 말입니다. 예를 들어 가상의 대상을 정해 그 대상에게 전해주는 방식으로 줄거리를 작성하는 방법도 있을 것이고, 느낌을 '이 작품은 청양고추처럼 엄청 맵지는 않지만 양파 맛처럼 조금 눈물이 날 정도로 맵다' 등과 같이 음식 맛에 대비시켜 감상해볼 수도 있습니다. 또 작품 속에서 본인이 재미있다고 생각되는 표현들만 모아보는 방법도 있습니다. 방법은 아주 많으니 조금만 생각해보면 재미있는 방법이 많이 떠오를 겁니다.

단원	단원 학습목표	주요활동
독서단원 〈프린들 주세요〉	책을 끝까지 읽고 중요한 내용이나 인상 깊은 장면을 말할 수 있다.	• 〈프린들 주세요〉 표지와 그림을 보고 내용 예상하기 • 〈프린들 주세요〉를 자신의 경험과 관련지어 모둠별 책읽기 • 〈프린들 주세요〉 내용을 간추리기 • 〈프린들 주세요〉 모르는 낱말에 밑줄치기

저희는 〈프린들 주세요〉(앤드루 클레먼츠, 사계절)라는 작품을 읽고 깜짝 놀랐습니다. 그레인저 선생님과 닉이 펼치는 대결이 너무나 긴장감 넘쳤고, 마지막에 예상하지 못한 깊은 감동을 주는 반전이 있었기 때문입니다. 읽은 지 오래 되었지만 아직도 여운이 남아 있

습니다.

〈프린들 주세요〉를 중심으로 주요활동을 진행하면서 '모르는 낱말에 밑줄치기'는 '9단원 어떤 내용일까' 수업을 위해서 국어사전을 찾지 않도록 합니다.

(글쓰기)

작품명	전체 리뷰	포토 리뷰	스타블로거 리뷰	독후감	한줄평	출처
프린들 주세요	28	0	6	76	19	예스24

(2019. 7. 24 현재)

인터넷 서점 예스24 홈페이지에 있는 또래 감상문(어린이 독후감 대회 참여작)을 복사하여 나누어 주고 참고하라고 합니다. 일정한 형식을 요하기보다는 서로 생각을 나눈다는 차원에서 모둠에서 읽어보고 자신의 생각이나 느낌을 이야기한 후 써보게 합니다.

이때 우리 아이들이, 책을 읽은 후 의무적으로 썼던 옛날 방식의 독후감 쓰기로 받아들이지 않도록 세심하게 배려해야 합니다. 숙제로까지 해야했던 옛날 강제 독후감 쓰기는 아이들이 책과 멀어지게 되는 큰 원인이었기 때문입니다. 책을 읽은 뒤 줄거리와 자신의 느낌을 기록하는 행위가 즐겁게 느껴지도록, 선생님들이 자기 학급의 학생들 성향이나 여건 등에 맞춰 여러 가지 방법을 연구해야 한다는 말입니다. 예를 들어 가상의 대상을 정해 그 대상에게 전해주는 방식으로 줄거리를 작성하는 방법도 있을 것이고, 느낌을 '이 작품은 청양고추처럼 엄청 맵지는 않지만 양파 맛처럼 조금 눈물이 날 정도로 맵다' 등과 같이 음식 맛에 대비시켜 감상해볼 수도 있습니다. 또 작품 속에서 본인이 재미있다고 생각되는 표현들만 모아보는 방법도 있습니다. 방법은 아주 많으니 조금만 생각해보면 재미있는 방법이 많이 떠오를 겁니다.

단원	단원 학습목표	주요활동(교과서를 중심으로)
9. 어떤 내용일까 〈프린들 주세요〉	낱말의 뜻이나 생략된 내용을 짐작하며 글을 읽을 수 있다.	• 소리 내어 읽으면서 모르는 낱말에 밑줄치기 • 짐작한 낱말을 생각하면서 소리 내어 천천히 읽어보기 • 짐작한 낱말의 뜻과 사전에서 찾은 뜻을 비교하기 • 읽은 내용을 다섯 장면으로 나누고 한 장면을 골라 친구와 이야기 나누기

'9단원 어떤 내용일까'는 낱말의 뜻을 짐작해 글을 읽고, 글을 읽는 동안 자신의 배경지식이나 글에서 얻을 수 있는 정보와 맥락을 이용해 추론하며 글을 읽는 방법을 알게 하는 데에 목적이 있습니다. 글을 읽으며 낱말의 뜻을 짐작하기 위해서는 앞뒤 문맥을 활용해 짐작하거나 뜻이 비슷한 낱말로 바꾸어 보아야 합니다. 낱말의 뜻을 알면 글의 내용을 이해하는 데 도움이 됩니다.

마지막 활동으로 읽는 내용을 다섯 장면으로 나누어 한 문장씩 만들고 이 중에 한 장면을 골라 친구들과 이야기 나누도록 합니다. 그리고 다섯 명의 친구들과 서로 한 문장씩 나누어 가지고 문장의 순서를 정해 나열합니다. 그러면 이것은 전체적으로 내용을 간추리는 하나의 활동이 될 것입니다.

단원	단원 학습목표	주요활동
독서단원 〈만복이네 떡집〉	책을 끝까지 읽고 중요한 내용이나 인상 깊은 장면을 말할 수 있다.	• 〈만복이네 떡집〉 표지와 그림을 보고 내용 예상하기 • 〈만복이네 떡집〉 을 자신의 경험과 관련지어 모둠별 책읽기 • 읽은 내용을 여러 장면으로 나누고 한 장면을 골라 친구와 이야기 나누기

〈만복이네 떡집〉(김리리, 비룡소)은 내용을 먼저 보지 말고 표지와 그림을 보고 내용을 예상하여 서로 말해보도록 합니다. 이어서 자신의 경험과 더불어 모둠을 구성하여 한 명씩 돌아가며 책을 읽어주고 다른 친구들은 듣도록 합니다. 또 책을 읽어주면서 가끔 질문을 하도록 유도합니다. 이를 위해 선생님이 먼저 책을 읽어주면서 시범을 보여주는 것도 좋은 방식입니다.

책을 다 읽고 나면 중요한 내용을 여러 장면으로 나누고 각 장면씩을 한 문장 또는 서너 문장으로 쓰도록 합니다. 이 중에서 자신이 가장 기억에 남는 문장을 고르고 모둠 친구들이 순서를 정하여 내용 간추리기를 합니다.

(글쓰기)

작품명	전체 리뷰	포토 리뷰	스타블로거 리뷰	독후감	한줄평	출처
만복이네 떡집	33	5	9	58	60	예스24

(2019. 7. 24 현재)

인터넷 서점 예스24 홈페이지에 있는 또래 감상문(어린이 독후감 대회 참여작)을 복사하여 나누어 주고 참고하라고 합니다. 일정한 형식을 요하기보다는 서로 생각을 나눈다는 차원에서 모둠에서 읽어보고 자신의 생각이나 느낌을 이야기한 후 써보게 합니다.

이때 우리 아이들이, 책을 읽은 후 의무적으로 썼던 옛날 방식의 독후감 쓰기로 받아들이지 않도록 세심하게 배려해야 합니다. 숙제로까지 해야했던 옛날 강제 독후감 쓰기는 아이들이 책과 멀어지게 되는 큰 원인이었기 때문입니다. 책을 읽은 뒤 줄거리와 자신의 느낌을 기록하는 행위가 즐겁게 느껴지도록, 선생님들이 자기 학급의 학생들 성향이나 여건 등에 맞춰 여러 가지 방법을 연구해야 한다는 말입니다. 예를 들어 가상의 대상을 정해 그 대상에게 전해주는 방식으로 줄거리를 작성하는 방법도 있을 것이고, 느낌을 '이 작품은 청양고추처럼 엄청 맵지는 않지만 양파 맛처럼 조금 눈물이 날 정도로 맵다' 등과 같이 음식 맛에 대비시켜 감상해볼 수도 있습니다. 또 작품 속에서 본인이 재미있다고 생각되는 표현들만 모아보는 방법도 있습니다. 방법은 아주 많으니 조금만 생각해보면 재미있는 방법이 많이 떠오를 겁니다.

단원	단원 학습목표	주요활동(교과서를 중심으로)
10단원 문학의 향기 〈만복이네 떡집〉	재미나 감동을 느낀 부분을 찾으며 작품을 감상할 수 있다.	• 재미나 감동을 느낀 부분 찾기 • 인물의 말이나 행동으로 그 인물의 마음 헤아려 보기

단원	단원 학습목표	주요활동(교과서를 중심으로)
		• 이야기를 읽고 느낀점을 정리하여 발표하기

'10단원 문학의 향기'는 학생들이 재미나 감동을 나누며 작품을 감상하도록 하는데 목적을 두고 있습니다. 작품에 대한 감상을 친구들과 나누면 재미와 감동은 자연스럽게 배가 될 것입니다.

(2) 3학년 2학기 수업 적용 방법

- 3학년 2학기 독서단원목표 및 주요활동 -

학년 학기	단원성취기준	단원 학습목표	차시 학습목표	주요활동
3-2	문학(5) 재미나 감동을 느끼며 작품을 즐겨 감상하는 태도를 지닌다. 읽기(5) 읽기 경험과 느낌을 다른 사람과 나누는 태도를 가진다.	책을 끝까지 읽고 생각이나 느낌을 말할 수 있다.	읽을 책을 정하고 내용을 예상할 수 있다.	• 제목과 표지를 살펴보고 내용 예상하기
			궁금한 내용을 떠올리며 책을 읽을 수 있다.	• 궁금한 점을 떠올리며 책읽기
			책 내용을 간추리고 생각을 나눌 수 있다.	• 선택① 새롭게 안 내용 정리하기 • 선택② 책 속 좋은 구절 말하기 • 선택③ 닮은 점과 다른점 찾기

– 3학년 2학기 독서단원과 연계한 단원 재구성 –

단원	단원 학습목표	주요활동
1. 작품을 보고 느낌을 나누어요	인물에게 알맞은 표정, 몸짓, 말투를 생각하며 작품을 감상할 수 있다.	• 〈거인 부벨라와 지렁이 친구〉 이야기 속 인물에게 알맞은 표정, 몸짓, 말투를 생각하며 대화 나누기(교과서 중심으로) • 〈프린들 주세요〉 이야기 속의 인물에게 알맞은 표정, 몸짓, 말투 를 살피면서 대화 나누기(책과 그레인저 선생님, 책에 나오는 그림을 인쇄하여 나누어 주고 짝꿍끼리 역할을 분담하여 대화 나누기, 심화활동)

1단원 '작품을 보고 느낌을 나누어요'는 학생들이 알맞은 표정, 몸짓, 말투를 생각하며 작품을 감상하도록 하는 것이 목적입니다. 〈거인 부벨라와 지렁이 친구〉(조 프리드먼, 주니어RHK) 이야기를 바탕으로 교과서 중심활동을 해보고 심화시켜 〈프린들 주세요〉이야기로 확대시켜 나갑니다. 따라서 이 활동은 1단원의 일부분 수업 내용이 됩니다. 이 단원은 교육연극의 기초단원이므로 모둠별로 역할극을 해보는 것도 좋을 것입니다.

단원	단원 학습목표	주요활동
독서단원 〈진짜 투명인간〉	책을 끝까지 읽고 생각이나 느낌을 말할 수 있다.	• 읽을 책을 정하고 내용을 예상하기 • 궁금한 내용을 떠올리며 책읽기 • 책 내용을 간추리고 생각과 느낌을 정리한 후 나누기 • 〈진짜 투명인간〉 이야기 속의 인물에게 알맞은 표정, 몸짓, 말투 살피기(에밀과 블랭크 아저씨, 그림을 복사하여 나누어 주기)(심화활동)

저희는 〈진짜 투명인간〉(레미 쿠르종, 씨드북) 앞표지를 보면서 '진짜 투명인간은 누구일까?' 하고 매우 궁금했습니다. 진짜 투명인간은 제 자신일지도 모른다는 생각이 들었습니다. 그래서인지 이야기 내용도 매우 재미있었습니다. 〈진짜 투명인간〉을 읽고 내용 간추리기, 생각과 느낌을 나누기 등을 기본적으로 하고 '1단원 작품을 보고 느낌을 나누어요'에서 했던 이야기 속의 인물에게 알맞은 표정, 몸짓, 말투 살피기 등을 그림을 중심으로 해보면 좋을 것입니다.

(글쓰기)

작품명	전체 리뷰	포토 리뷰	스타블로거 리뷰	독후감	한줄평	출처
진짜 투명인간	17	4	7	1	4	예스24

(2019. 7. 24 현재)

인터넷 서점 예스24 홈페이지에 있는 또래 감상문(어린이 독후감 대회 참여작)을 복사하여 나누어 주고 참고하라고 합니다. 일정한 형식을 요하기보다는 서로 생각을 나눈다는 차원에서 모둠에서 읽어보고 자신의 생각이나 느낌을 이야기한 후 써보게 합니다.

이때 우리 아이들이, 책을 읽은 후 의무적으로 썼던 옛날 방식의 독후감 쓰기로 받아들이지 않도록 세심하게 배려해야 합니다. 숙제로까지 해야했던 옛날 강제 독후감 쓰기는 아이들이 책과 멀어지게 되는 큰 원인이었기 때문입니다. 책을 읽은 뒤 줄거리와 자신의 느낌을 기록하는 행위가 즐겁게 느껴지도록, 선생님들이 자기 학급의 학생들 성향이나 여건 등에 맞춰 여러 가지 방법을 연구해야 한다는 말입니다. 예를 들어 가상의 대상을 정해 그 대상에게 전해주는 방식으로 줄거리를 작성하는 방법도 있을 것이고, 느낌을 '이 작품은 청양고추처럼 엄청 맵지는 않지만 양파 맛처럼 조금 눈물이 날 정도로 맵다' 등과 같이 음식 맛에 대비시켜 감상해볼 수도 있습니다. 또 작품 속에서 본인이 재미있다고 생각되는 표현들만 모아보는 방법도 있습니다. 방법은 아주 많으니 조금만 생각해보면 재미있는 방법이 많이 떠오를 겁니다.

단원	단원 학습목표	주요활동(교과서를 중심으로)
4. 감동을 나타내요 〈진짜 투명인간〉	책을 끝까지 읽고 생각이나 느낌을 말할 수 있다.	• 〈진짜 투명인간〉 이야기 친구들과 묻고 답하기 (최대한 많은 질문과 답이 이루어지도록 허용적인 분위기를 유도한다.) • 〈진짜 투명인간〉에서 사건이 어떻게 연결되었는지 찾아 써보고 친구들과 생각을 나누어 보기 • 〈진짜 투명인간〉 감각적 표현 말하기 • 〈진짜 투명인간〉 이야기를 읽고 생각이나 느낌을 정리한 후 나누기 • 〈진짜 투명인간〉에 나오는 인물에게 편지를 써보고 발표하기

'4단원 감동을 나타내요' 에서는 독서단원에서 했던 기본 활동(이야기 내용 간추리기, 이야기를 읽고 생각과 느낌을 정리하여 나누기)을

떠올리며 교과서를 중심으로 기본적인 활동을 하면 될 것입니다. 교과서에 주어진 질문을 기본적인 토대로 하되 조금은 허용적인 분위기에서 자유롭게 생각을 나눌 수 있도록 유도합니다.

단원	단원 학습목표	주요활동
독서단원 〈지렁이 일기예보〉 〈내 입은 불량입〉	책을 끝까지 읽고 생각이나 느낌을 말할 수 있다.	• 〈지렁이 일기예보〉와 〈내 입은 불량입〉 시집 표지 그림을 보고 내용 예상하기, 제목을 보고 내용 예상하기 • 〈지렁이 일기예보〉와 〈내 입은 불량입〉 두 시집 중 몇 개의 동시를 골라서 읽어 주고 제목 맞추기 놀이하기 • 〈지렁이 일기예보〉와 〈내 입은 불량입〉 동시를 읽고 생각과 느낌, 두 시집의 차이점을 서로 나누기 • 〈지렁이 일기예보〉와 〈내 입은 불량입〉 시집에서 각각 마음에 드는 동시를 골라 친구들 앞에서 낭송하기 • 고른 동시 일부 구절이나 낱말을 바꾸어 동시 써보기

4단원 '감동을 나타내요'에서는 동시를 다루고 있습니다. 그런데 3학년 학생들이 감각적 표현이라는 용어를 이해하기는 쉽지 않습니다. 눈, 귀, 피부 따위로 전해지는 느낌이 감각이고, 그 느낌을 말로 표현한 것이 감각적 표현이라고 직접 설명을 해줘야 학생들이 쉽게 이해할 수 있습니다.[24]

시를 낭송하는 것은 시를 감상할 때 하는 핵심적인 활동 가운데

24) 〈초등학교 3~4학년군 국어 3-2 교사용 지도서〉, 교육부, 2018년, 206쪽

하나입니다. 이 단원에서는 감각적 표현이 두드러진 시들을 제재로 삼았는데, 이런 시들을 감상할 때에도 낭송을 하면 감각적 표현의 의미를 더욱 실감나게 음미할 수 있습니다. 시를 낭송할 때는 다음과 같은 방법을 활용할 수 있습니다.[25]

① 한 연씩(또는 한 행씩) 메기고 받으면서 번갈아 가며 낭송하기
② 음보나 음절 단위로 박자를 치며 낭송하기
③ 가락을 붙여 노래하듯이 낭송하기
④ 반복되는 시어를 강조해 읽으며 낭송하기
⑤ 시 속 등장인물이 되어 낭송하기

(글쓰기)

작품명	전체 리뷰	포토 리뷰	스타블로거 리뷰	독후감	한줄평	출처
지렁이 일기예보	25	9	9	0	2	예스24
내 입은 불량입	3	0	0	1	2	예스24

(2019. 7. 24 현재)

인터넷 서점 예스24 홈페이지에 있는 또래 감상문(어린이 독후감 대회 참여작)을 복사하여 나누어 주고 참고하라고 합니다. 일정한 형식을 요하기보다는 서로 생각을 나눈다는 차원에서 모둠에서 읽어보고 자신의 생각이나 느낌을 이야기한 후 써보게 합니다.

25) 〈초등학교 3~4학년군 국어 3-2 교사용 지도서〉, 교육부, 2018년, 211쪽

이때 우리 아이들이, 책을 읽은 후 의무적으로 썼던 옛날 방식의 독후감 쓰기로 받아들이지 않도록 세심하게 배려해야 합니다. 숙제로까지 해야했던 옛날 강제 독후감 쓰기는 아이들이 책과 멀어지게 되는 큰 원인이었기 때문입니다. 책을 읽은 뒤 줄거리와 자신의 느낌을 기록하는 행위가 즐겁게 느껴지도록, 선생님들이 자기 학급의 학생들 성향이나 여건 등에 맞춰 여러 가지 방법을 연구해야 한다는 말입니다. 예를 들어 가상의 대상을 정해 그 대상에게 전해주는 방식으로 줄거리를 작성하는 방법도 있을 것이고, 느낌을 '이 작품은 청양고추처럼 엄청 맵지는 않지만 양파 맛처럼 조금 눈물이 날 정도로 맵다' 등과 같이 음식 맛에 대비시켜 감상해볼 수도 있습니다. 또 작품 속에서 본인이 재미있다고 생각되는 표현들만 모아보는 방법도 있습니다. 방법은 아주 많으니 조금만 생각해보면 재미있는 방법이 많이 떠오를 겁니다.

(느낌을 살려 시 쓰기)

느낌을 살려 시 쓰기를 할 때 학생들이 시 쓰기를 부담스러워하면 동시집에서 마음에 드는 동시를 골라서 일부 낱말을 바꾸어 써도 된다는 점을 알려 줍니다. 예전에 제가 4학년이나 5학년을 지도할 때 예시작품을 주고 일부만 바꾸어 쓰게 했는데, 다양한 작품이 나와서 참 좋았습니다.

'4단원 감동을 나타내요'는 감각적 표현의 재미를 느끼며 시를 감상하고 감상한 내용을 여러가지 방법으로 표현하는데 주안점을 두고 있습니다. 따라서 동시쓰기를 할 때 허용적인 분위기에서 자유롭게 쓰도록 유도합니다. 쓴 동시도 전체 앞에서 발표를 원하는 친구는 발표를, 친구들에게 보여주고 댓글로 생각이나 느낌을 나누기를 원하는 경우는 허용하도록 합니다.

단원	단원 학습목표	주요활동(교과서를 중심으로 독서 감상문을 간략하게 정리하기)
7. 글을 읽고 소개해요	자신이 읽은 글을 다른 사람에게 소개할 수 있다. (독서 감상문 특징 알기, 독서 감상문으로 우리반 꾸미기)	• 독서 감상문의 특징 생각하기 • 독서 감상문과 서평의 차이 알아보기 • 〈바위나리와 아기별의 우정〉 교과서 지문을 읽고 독서 감상문의 특징 알아보기 • 〈프린들 주세요〉, 〈바삭바삭 갈매기〉, 〈만복이네 떡집〉, 〈진짜 투명인간〉 중 한 권을 골라 독서 감상문을 써보고 친구들과 내용을 비교하여 보기 • 같은 책이라도 서로의 생각이 다름을 알아보기 위해 4권 중 한 권을 골라서 쓰도록 유도한다. 독서 감상문을 쓰기 전에 같은 책 독서 감상문을 쓸 친구들과 어떻게 쓸 것인지를 이야기하는 시간을 갖도록 한다. • 독서 감상문으로 우리반 꾸미기

독서 감상문은 책을 읽은 뒤에 책을 읽게 된 까닭, 책 내용, 인상 깊은 부분, 책을 읽은 뒤에 든 생각이나 느낌을 쓴 글입니다. 이에 반해 서평(書評)은 책의 내용에 대한 평가입니다. 따라서 그 책에 대한 정보와 내용도 함께 포함되어야 합니다. 서평은 다른 사람

에게 보여주기 위한 글이기 때문입니다.

'7단원 글을 읽고 소개해요'는 글을 읽고 생각이나 느낌을 드러내는 독서 감상문을 알아보는 것과 읽은 글을 다른 사람들과 나누는 태도를 형성하는 것이 목적입니다.

우리반 꾸미기 위한 독서 감상문을 쓸 때는 교과서에 간략하게 쓴 독서 감상문을 좀 더 확대하여 쓰거나 자신이 쓰고 싶은 책을 쓸 수 있도록 합니다. 독서 감상문 형식은 자유롭게 선택하여 할 수 있다는 점을 강조합니다.

(3) 4학년 1학기 수업 적용 방법

– 4학년 1학기 독서단원 목표 및 주요활동 –

학년 학기	단원 성취기준	단원 학습목표	차시 학습목표	주요활동
4-1	문학(5) 재미나 감동을 느끼며 작품을 즐겨 감상하는 태도를 지닌다. 쓰기(5) 쓰기에 자신감을 갖고 자신의 글을 적극적으로 나누는 태도를 가진다.	책을 꼼꼼히 읽고 중요한 내용이나 인물에 대해 말할 수 있다.	읽을 책을 정하고 내용을 예상할 수 있다.	• 책의 차례와 글을 훑어보고 내용 예상하기
			국어사전을 활용하며 책을 읽을 수 있다.	• 국어사전을 활용하며 책 읽기
			책 내용을 간추리고 생각을 나눌 수 있다.	• 선택① 개념지도 그리기 • 선택② 이런 점이 좋아요, 이런 점을 고쳐요 • 선택③ 등장인물 소개하기

- 4학년 1학기 국어과 단원 재구성하기 -

단원	단원 학습목표	주요활동(교과서를 중심으로)
7. 사전은 내 친구	사전을 활용해 낱말의 뜻을 찾을 수 있다.	• 낱말의 뜻을 짐작하기 • 사전에서 뜻을 찾아 낱말 사이의 관계를 알기 • 여러가지 사전에서 낱말의 뜻을 찾아보기 • 낱말의 뜻을 사전에서 찾으며 글을 읽기 • 나만의 낱말사전을 만들기

'7단원 사전은 내 친구'는 글을 읽을 때 낱말의 뜻을 파악하는 것이 중요함을 깨닫게 하고, 이를 바탕으로 글에서 낱말의 뜻을 알맞게 짐작해보고 여러가지 국어사전을 활용해 낱말의 뜻을 찾는 능력과 태도를 기르는 것이 목적입니다. 낱말이 사용되는 글과 담화에서 낱말의 뜻을 바르게 파악하는 것은 글쓴이와 말하는 이의 의도를 이해하고 이를 바탕으로 글과 담화의 의미를 수용하는데 매우 중요합니다.[26)]

단원	단원 학습목표	주요활동(교과서를 중심으로)
1. 생각과 느낌을 나누어요	시나 이야기를 읽고 생각이나 느낌을 나눌 수 있다.	• 시를 읽고 생각이나 느낌 나누기 • 이야기를 읽고 생각이나 느낌 나누기 • 일어난 일에 대한 의견 말하기 • 이야기를 읽고 의견 나누기

26) 〈초등학교 3~4학년군 국어 4-1 교사용 지도서〉, 교육부, 2018년, 299쪽

1단원은 동시와 단편동화로 이루어져 있습니다. 작품을 읽고 생각이나 느낌을 나누는 활동은 문학작품을 감상하는데 매우 중요합니다. 같은 작품이라 하더라도 사람의 경험과 관점에 따라 다를 수 있기 때문입니다. 이런 활동을 거듭할수록 학생들은 문학작품을 즐겨 읽고, 심미적 능력을 함양하게 될 것입니다. 1단원에서는 교과서에 있는 작품을 중심으로 기본적인 활동을 하게 합니다.

단원	단원 학습목표	주요활동(교과서를 중심으로)
2. 내용을 간추려요	이야기의 흐름에 따라 내용을 간추릴 수 있다.	• 국어 교과서에 있는 그림 6장을 복사하여 나누어 주고 이야기를 연결하여 만들어보기 • 그림을 보고 만든 내용과 실제 이야기 내용을 비교해보기 • 〈나무 그늘을 산 총각〉 이야기를 시간과 장소의 흐름에 따라 내용을 간추리고 모둠 친구들과 비교해 보기 • 〈나무 그늘을 산 총각〉 이야기를 읽고 생각하거나 느낀점을 친구들과 나누기

2단원은 글의 유형에 따라 중심내용을 찾고, 중요한 정보를 중심으로 내용을 간추리는 것이 목적입니다. 주장하는 글, 설명하는 글, 이야기 글이 나옵니다. 문단을 중심으로 중심문장을 찾고, 이를 적절히 연결해 전체 내용을 정리하는 것을 기본활동으로 하고 있습니다.

문단은 서평을 쓰거나 독서 감상문을 쓸 때 기본이 되므로 먼저 주장하는 글과 설명하는 글을 교과서를 중심으로 다루도록 합니다. 이를 바탕으로 〈나무 그늘을 산 총각〉(권규헌, 봄볕) 그림동화를 읽어주고 이야기의 흐름에 따라 내용을 간추려 모둠별로 비교하여 보면 좋을 것입니다.

이야기의 흐름에 따라 내용을 간추리는 것은 설명하는 글을 읽고 문단의 중심내용을 찾는 것과는 방법이 다릅니다. 이야기의 내용을 간추릴 때에는 일어난 사건을 중심으로 이야기의 내용을 간추릴 수 있습니다. 이때 시간의 흐름에 따른 사건의 진행과 공간적 배경에 따른 사건의 진행을 고려하며 이야기의 내용을 간추릴 수 있도록 지도합니다.

단원	단원 학습목표	주요활동
독서단원 〈가방 들어주는 아이〉	책을 꼼꼼히 읽고 중요한 내용이나 인물에 대해 말할 수 있다.	• 〈가방 들어주는 아이〉를 읽기 전에 내용 예상하기 • 국어사전을 활용하며 〈가방 들어주는 아이〉 읽기 • 〈가방 들어주는 아이〉의 내용을 간추리며 생각 나누기 • 〈가방 들어주는 아이〉 주요인물에 대해 살펴보기

독서단원에서는 책을 읽는 데에 주안점을 둡니다.

4학년 1학기에 〈가방 들어주는 아이〉(고정욱, 사계절) 이야기가 실려 있습니다. 이 내용은 EBS에서 방영된 〈TV로 보는 원작－가방 들어 주는 아이〉 형식으로 실려 있습니다. 그래서 먼저 원작품을 읽어주고 중요한 내용을 간추리며 생각이나 느낌 나누기, 작품에 나오는 주요인물에 대해 살펴보기 등을 합니다. 작품을 읽을 때 모르는 낱말을 찾으면서, 이때 무조건 찾지만 말고 앞뒤 내용을 살펴 그 의미를 추측하게 한 뒤 모를 때 몇 개만 찾아 책을 읽도록 하는 것도 필요합니다.

(글쓰기)

작품명	전체 리뷰	포토 리뷰	스타블로거 리뷰	독후감	한줄평	출처
가방 들어주는 아이	6	1	2	67	28	예스24

(2019. 7. 24 현재)

인터넷 서점 예스24 홈페이지에 있는 또래 감상문(어린이 독후감 대회 참여작)을 복사하여 나누어 주고 참고하라고 합니다. 일정한 형식을 요하기보다는 서로 생각을 나눈다는 차원에서 모둠에서 읽어보고 자신의 생각이나 느낌을 이야기한 후 써보게 합니다.

이때 우리 아이들이, 책을 읽은 후 의무적으로 썼던 옛날 방식의 독후감 쓰기로 받아들이지 않도록 세심하게 배려해야 합니다. 숙제로까지 해야했던 옛날 강제 독후감 쓰기는 아이들이 책과 멀어지게 되는 큰 원인이었기 때문입니다. 책을 읽은 뒤 줄거리와 자신의 느낌을 기록하는 행위가 즐겁게 느껴지도록, 선생님들이 자기 학급의 학생들 성향이나 여건 등에 맞춰 여러 가지 방법을 연구해야 한다는 말입니다. 예를 들어 가상의 대상을 정해 그 대상에게 전해주는 방식으로 줄거리를 작성하는 방법도 있을 것이고, 느낌을 '이 작품은 청양고추처럼 엄청 맵지는 않지만 양파 맛처럼 조금 눈물이 날 정도로 맵다' 등과 같이 음식 맛에 대비시켜 감상해볼 수도 있습니다. 또 작품 속에서 본인이 재미있다고 생각되는 표현들만 모아보는 방법도 있습니다. 방법은 아주 많으니 조금만 생각해보면 재미있는 방법이 많이 떠오를 겁니다.

단원	단원 학습목표 (차시별 학습목표)	주요활동 (교과서를 중심으로)
3. 느낌을 살려요 〈가방 들어주는 아이〉	자신의 생각과 느낌이 잘 드러나게 말할 수 있다. (적절한 표정, 몸짓, 말투를 사용해 말할 수 있다.)	• 〈가방 들어주는 아이〉에 원작동화 동영상보기 • 〈가방 들어주는 아이〉를 읽어보고 원작동화 동영상과 비교하여 다른 점 써보기 • 석우와 영택의 표정, 몸짓, 말투에 담긴 의미 확인하기 • 짝과 함께 인물의 마음이 실감나게 표현되도록 한 장면을 골라 역할놀이 해보기 • 역할놀이를 한 뒤에 느낀 점 서로 나누기

3단원에서는 공식적인 상황에서 한 대화를 바탕으로 표정이나 몸짓, 말투의 효과를 알아보고, 자신의 생각과 느낌을 전달하기 위해 글로 쓰고 표현하는 것을 학습하는데 주안점이 있습니다. 그래

서 〈가방 들어주는 아이〉 원작동화를 수업에 도입하여 여기에 활용하고 있습니다.

먼저 〈가방 들어주는 아이〉 원작동화 전편을 보여주고 원래 이야기를 다시 한 번 읽어줍니다. 이후에 학습지를 활용하여 원작동화와 이야기의 다른 점을 찾아 비교하게 합니다. 2016년 4학년 아이들과 이 활동을 해보았는데 15개 이상을 찾아낸 아이도 있었습니다.

마지막으로 3단원의 단원 학습 목표인 '석우와 영택의 표정, 몸짓, 말투에 담긴 의미'를 확인하고 역할놀이를 한 후 그 느낌을 나누면 될 것입니다.

단원	단원 학습목표	주요활동
독서단원 〈아름다운 꼴찌〉	책을 꼼꼼히 읽고 중요한 내용이나 인물에 대해 말할 수 있다.	• 〈아름다운 꼴찌〉를 읽기 전에 그림을 보고 내용 예상하기 • 〈아름다운 꼴찌〉 그림을 보며 이야기를 이어서 써보기 • 〈아름다운 꼴찌〉 그림을 보며 쓴 이야기와 원래 이야기 내용의 차이점 알아보기 • 〈아름다운 꼴찌〉 내용을 간추리고 그 생각과 느낌을 친구들과 함께 나누기 • 〈아름다운 꼴찌〉 주요인물에 대해 살펴보기

〈아름다운 꼴찌〉(이철환, 장경혜, 주니어RHK)는 모두 그림과 짧은 글로 이루어진 그림책이라고 할 수 있습니다. 인물들의 표정이 살아있고 그림에 비해 글이 많지 않습니다. 30쪽 정도 그림이 나오므

로 이런 점을 활용하여 원래 이야기는 안 보이게 가리고, 하나의 그림책을 모둠별로 주면서 내용을 예상하여 쓰고 원래 내용과 비교하기를 하면 좋을 것입니다. 그리고 이야기에 대한 생각과 느낌을 모둠별로 나누고 주요인물에 대해 말해 보는 활동으로 마무리하면 될 것입니다.

(글쓰기)

작품명	전체 리뷰	포토 리뷰	스타블로거 리뷰	독후감	한줄평	출처
아름다운 꼴찌	23	7	9	3	3	예스24

(2019. 7. 24 현재)

인터넷 서점 예스24 홈페이지에 있는 또래 감상문(어린이 독후감 대회 참여작)을 복사하여 나누어 주고 참고하라고 합니다. 일정한 형식을 요하기보다는 서로 생각을 나눈다는 차원에서 모둠에서 읽어보고 자신의 생각이나 느낌을 이야기한 후 써보게 합니다.

이때 우리 아이들이, 책을 읽은 후 의무적으로 썼던 옛날 방식의 독후감 쓰기로 받아들이지 않도록 세심하게 배려해야 합니다. 숙제로까지 해야했던 옛날 강제 독후감 쓰기는 아이들이 책과 멀어지게 되는 큰 원인이었기 때문입니다. 책을 읽은 뒤 줄거리와 자신의 느낌을 기록하는 행위가 즐겁게 느껴지도록, 선생님들이 자기 학급의 학생들 성향이나 여건 등에 맞춰 여러 가지 방법을 연구해야 한다는 말입니다. 예를 들어 가상의 대상을 정해 그 대상에게 전해주는 방식으로 줄거리를 작성하는 방법도 있을 것이고, 느낌을 '이 작품은 청양고추처럼 엄청 맵지는 않지만 양파 맛처럼 조금 눈물이 날 정도로 맵다' 등과 같이 음식 맛에 대비시켜 감상해볼 수도 있습니다. 또 작품 속에서 본인이 재미있다고 생각되는 표현들만 모아보는 방법도 있습니다. 방법은 아주 많으니 조금만 생각해보면 재미있는 방법이 많이 떠오를 겁니다.

단원	단원 학습목표 (차시별 학습목표)	주요활동 (교과서를 중심으로)
5. 내가 만든 이야기 〈아름다운 꼴찌〉	이야기의 흐름을 파악하며 이어질 내용을 상상해 볼 수 있다. (이야기의 흐름을 이해할 수 있다.)	• 일이 일어난 차례대로 정리하기 • 처음, 가운데, 끝으로 이야기의 흐름 정리하기 • 제목으로 주제 찾기 • 주제가 드러난 부분 찾기 • 이야기의 주제 정리하기

〈아름다운 꼴찌〉에서 이야기의 흐름을 정리합니다. 이어서 주제 찾기 활동은 모두가 주제와 그 이유를 쓴 다음에 10명 단위로 모둠을 만들어 서로 비교하게 하거나 모두 발표를 시켜 서로 다름을 나누게 하는 것도 좋을 것입니다.

단원	단원 학습목표	주요활동
독서단원 〈초록 고양이〉에 수록된 두 편 동화	책을 꼼꼼히 읽고 중요한 내용이나 인물에 대해 말할 수 있다.	• 〈초록 고양이〉에 수록된 두 편 동화를 읽기 전에 그림을 보고 내용 예상하기 • 〈초록 고양이〉에 수록된 두 편 동화 그림을 보며 이야기를 이어서 써보기 • 〈초록 고양이〉에 수록된 두 편 동화 그림을 보며 쓴 이야기와 원래 이야기 내용의 차이점 알아보기 • 〈초록 고양이〉에 수록된 두 편 동화 내용을 간추리고 그 생각과 느낌을 친구들과 함께 나누기 • 〈초록 고양이〉에 수록된 두 편 동화 주요 인물에 대해 살펴보기

〈초록 고양이〉(위기철, 사계절)는 세 편의 단편동화로 이루어져 있습니다. 그 중에 한 편이 교과서에 수록되어 있습니다. 교과서에 실려 있는 동화를 제외하고 수록되어 있는 두 편의 그림을 복사하고 오려서 도화지에 붙인 후 이야기 이어쓰기를 해보는 것이 좋겠습니다. 그리고 원래 이야기와 비교한 후 친구들과 생각이나 느낌을 나누면 더더욱 좋을 것입니다. 〈초록 고양이〉에 나오는 주요인물에 대해 살펴보고 나머지 두 편은 가볍게 읽어준 후 이야기를 나누는 방향으로 활동하면 될 것입니다.

(글쓰기)

작품명	전체 리뷰	포토 리뷰	스타블로거 리뷰	독후감	한줄평	출처
초록고양이	15	9	4	0	9	예스24

(2019. 7. 24 현재)

인터넷 서점 예스24 홈페이지에 있는 또래 감상문(어린이 독후감 대회 참여작)을 복사하여 나누어 주고 참고하라고 합니다. 일정한 형식을 요하기보다는 서로 생각을 나눈다는 차원에서 모둠에서 읽어보고 자신의 생각이나 느낌을 이야기한 후 써보게 합니다.

이때 우리 아이들이, 책을 읽은 후 의무적으로 썼던 옛날 방식의 독후감 쓰기로 받아들이지 않도록 세심하게 배려해야 합니다. 숙제로까지 해야했던 옛날 강제 독후감 쓰기는 아이들이 책과 멀어지게 되는 큰 원인이었기 때문입니다. 책을 읽은 뒤 줄거리와 자신의 느낌을 기록하는 행위가 즐겁게 느껴지도록, 선생님들이 자기 학급의 학생들 성향이나 여건 등에 맞춰 여러 가지 방법을 연구해야 한다는 말입니다. 예를 들어 가상의 대상을 정해 그 대상에게 전해주는 방식으로 줄거리를 작성하는 방법도 있을 것이고, 느낌을 '이 작품은 청양고추처럼 엄청 맵지는 않지만 양파 맛처럼 조금 눈물이 날 정도로 맵다' 등과 같이 음식 맛에 대비시켜 감상해볼 수도 있습니다. 또 작품 속에서 본인이 재미있다고 생각되는 표현들만 모아보는 방법도 있습니다. 방법은 아주 많으니 조금만 생각해보면 재미있는 방법이 많이 떠오를 겁니다.

단원	단원 학습목표 (차시별 학습목표)	〈초록 고양이〉 심화활동
5. 내가 만든 이야기 〈초록 고양이〉	이야기의 흐름을 파악하며 이어질 내용을 상상해 볼 수 있다. (이야기를 읽고 이어질 내용을 상상해 쓸 수 있다.)	• 〈초록 고양이〉 그림을 복사하여 나누어 주고 섞어 서 붙이고 이야기 이어서 쓰기 • 모둠활동으로 두 모둠씩 그림 순서를 같도록 하여 이어쓴 이야기의 차이 비교하기 • 이야기의 흐름을 생각하며 〈초록 고양이〉의 이어질 내용 정리하기 • 〈초록 고양이〉의 이어쓴 내용과 원래 이야기를 비교하여 서로 나누기

〈초록 고양이〉의 이어질 내용을 상상하여 쓰는 활동이 주를 이룹니다.

독서단원에서 〈초록 고양이〉에 수록된 두 편 동화 그림만 가지고 이어질 내용을 상상하여 써보는 활동을 했습니다. 5단원에서는 심화활동으로 〈초록 고양이〉의 원래 이야기 순서와 다르게 그림을 2 모둠씩 다르게 배열하여 이야기를 상상하여 써보는 활동을 한 뒤 서로 비교하는 활동을 하면 좋을 것입니다. 그리고 교과서 뒷부분의 이야기가 어떻게 이어질지 써본 다음에 원래 이야기와 비교하는 활동을 하면 좋을 것입니다.

단원	단원 학습목표	주요활동(교과서를 중심으로)
5. 내가 만든 이야기	이야기의 흐름을 파악하며 이어질 내용을 상상해 볼 수 있다.	• 〈구름 공항〉 그림의 차례를 정해 이야기 꾸미기 • 〈쩌우 까우 이야기〉 중 '황금 감나무' 사건의 흐름을 파악하며 이야기 읽기

5단원 내가 만든 이야기는 학생들이 이야기의 흐름을 파악해 이야기의 흐름에 맞게 이어질 내용을 상상해 써보는 것이 목적입니다. 이 과정에서 재미나 감동을 느끼며 작품을 즐겨 감상하는 태도와 쓰기에 자신감을 가지고 자신의 글을 적극적으로 나누는 태도를 익힐 것입니다. 이 단원에서는 서로를 격려하고 다름을 인정하는 분위기가 조성되어야 이루어질 수 있으므로 존중하고 배려하는 자세가 중요함을 강조해야 합니다.[27]

〈구름 공항〉(데이비드 위즈너, 시공주니어)은 그림만 있는 책이므로 이야기를 만들어 서로 내용을 비교하는 활동을 하고, 〈쩌우 까우 이야기〉 중 '황금 감나무'(김기태, 창비)는 사건의 흐름을 파악하는 방법을 익히는데 그 주안점을 두면 될 것입니다.

27) 〈초등학교 3~4학년군 국어 4-1 교사용 지도서〉, 교육부, 2018년, 238쪽

(4) 4학년 2학기 수업 적용 방법

– 4학년 2학기 독서단원 목표 및 주요활동 –

학년 학기	단원 성취기준	단원 학습목표	차시 학습목표	주요활동
4-2	문학(5) 재미나 감동을 느끼며 작품을 즐겨 감상하는 태도를 지닌다. 읽기(5) 읽기 경험과 느낌을 다른 사람과 나누는 태도를 가진다.	책을 꼼꼼히 읽고 생각이나 느낌을 말할 수 있다.	읽을 책을 정하고 내용을 예상할 수 있다.	• 책의 저자와 머리말을 살펴보고 내용 예상하기
			궁금한 내용을 떠올리며 책을 읽을 수 있다.	• 궁금한 점을 떠올리며 책 읽기
			책 내용을 간추리고 생각을 나눌 수 있다.	• 선택① 개념 지도 그리기 • 선택② 책 속 좋은 구절 말하기 • 선택③ 독서 토의하기

– 4학년 2학기 국어과 단원 재구성하기 –

단원	단원 학습목표	주요활동
독서단원 〈사라, 버스를 타다〉	책을 꼼꼼히 읽고 생각이나 느낌을 말할 수 있다.	• 〈사라, 버스를 타다〉 내용 예상하기 • 궁금한 내용을 떠올리며 책읽기 • 책 내용을 간추리고 생각나누기

저희는 〈사라, 버스를 타다〉(윌리엄 밀러, 존 워드, 사계절) 내용을 보고 흑인 소녀의 큰 용기에 탄성이 나왔습니다. 궁금한 행동에서 시작된 조그만 용기가 하나의 사회를 변화시킬 수도 있다는 점에도 놀랐습니다. 그러나 책을 보면서 그림과 내용이 잘 연결되지 않

아 조금은 힘이 빠지기도 했습니다. 전해들은 이야기와 실제로 접한 그림책은 저에게 많은 생각을 하게 했습니다. 아이들과 수업을 한다면 다음과 같은 질문을 하고 싶습니다.

1. 링컨 대통령이 노예해방을 위해 남북전쟁을 했는데 그 뒤로 백인과 흑인의 지위가 동등하게 된 것 아닌가요?
2. 진정하고 올바른 법의 정의가 무엇인가요?
3. 〈사라, 버스를 타다〉 그림책을 읽고 이 내용이 진정으로 와 닿나요?

이런 질문을 해보고, 아이들과 책을 읽고 간추린 내용을 나누면 될 것입니다. 서로 간추린 내용의 차이점을 꼼꼼하게 비교할 수 있도록 모둠별로 발표시키는 것도 좋을 것입니다.

(글쓰기)

작품명	전체 리뷰	포토 리뷰	스타블로거 리뷰	독후감	한줄평	출처
사라, 버스를 타다	21	3	11	106	14	예스24

(2019. 7. 24 현재)

인터넷 서점 예스24 홈페이지에 있는 또래 감상문(어린이 독후감 대회 참여작)을 복사하여 나누어 주고 참고하라고 합니다. 일정한 형식을 요하기보다는 서로 생각을 나눈다는 차원에서 모둠에서 읽어보고 자신의 생각이나 느낌을 이야기한 후 써보게 합니다.

이때 우리 아이들이, 책을 읽은 후 의무적으로 썼던 옛날 방식의 독후감 쓰기로 받아들이지 않도록 세심하게 배려해야 합니다. 숙제로까지 해야했던 옛날 강제 독후감 쓰기는 아이들이 책과 멀어지게 되는 큰 원인이었기 때문입니다. 책을 읽은 뒤 줄거리와 자신의 느낌을 기록하는 행위가 즐겁게 느껴지도록, 선생님들이 자기 학급의 학생들 성향이나 여건 등에 맞춰 여러 가지 방법을 연구해야 한다는 말입니다. 예를 들어 가상의 대상을 정해 그 대상에게 전해주는 방식으로 줄거리를 작성하는 방법도 있을 것이고, 느낌을 '이 작품은 청양고추처럼 엄청 맵지는 않지만 양파 맛처럼 조금 눈물이 날 정도로 맵다' 등과 같이 음식 맛에 대비시켜 감상해볼 수도 있습니다. 또 작품 속에서 본인이 재미있다고 생각되는 표현들만 모아보는 방법도 있습니다. 방법은 아주 많으니 조금만 생각해보면 재미있는 방법이 많이 떠오를 겁니다.

단원	단원 학습목표 (차시별 학습목표)	주요활동 (교과서를 중심으로)
4. 이야기 속 세상 〈사라, 버스를 타다〉	이야기의 구성요소를 이해하며 글을 읽을 수 있다.	• 〈사라, 버스를 타다〉 그림만을 복사하여 나누어 주고 이야기 이어서 쓰기 • 실제 이야기를 읽어주고 이야기를 간추려 짝꿍과 나누기 • 〈사라, 버스를 타다〉에서 장소의 변화와 각 장소에서 일어난 일을 정리해보기 • 〈사라, 버스를 타다〉의 구성요소를 정리해보기

'4단원 이야기 속 세상'은 이야기의 구성요소를 이해하며 글을 읽도록 하는 것이 목적입니다.

이 단원에서는 학생들이 인물, 사건, 배경이 무엇인지를 익히고, 실제로 이야기를 읽고 인물, 사건, 배경을 생각하며 글의 전체적인 구조를 파악해보는 활동을 중점적으로 다룹니다.[28]

〈사라, 버스를 타다〉 내용은 독서단원에서 다루었지만 다시 한 번 상기하는 의미에서 그림만을 복사하여 이야기 이어서 쓰기, 간추린 내용을 짝꿍과 함께 나누기, 교과서를 중심으로 각 장소의 변화와 각 장소에서 일어난 일을 정리하기, 이야기의 구성요소를 중심으로 정리하기 등을 하면 될 것입니다.

– 4학년 2학기 국어과 단원 재구성하기 –

단원	단원 학습목표	주요활동
독서단원 〈젓가락 달인〉	책을 꼼꼼히 읽고 생각이나 느낌을 말할 수 있다.	• 〈젓가락 달인〉 내용 예상하기 • 궁금한 내용을 떠올리며 책읽기 • 책 내용을 간추리고 생각 나누기

저희는 〈젓가락 달인〉(유타루, 바람의아이들)을 읽으면서 작가가 전하려고 하는 의도가 무엇인지 곰곰이 생각하였습니다. 다문화가정과 할아버지, 그리고 우봉이의 노력 등이 잘 연결되지 않았습니다. 그래서 아이들과 수업을 하면 다음과 같은 질문을 하고 싶습니다.

28) 〈초등학교 3~4학년군 국어 4-1 교사용 지도서〉, 교육부, 2018년, 208쪽

① 〈젓가락 달인〉은 우봉에게 어떤 의미를 가지고 있을까요?
② 우봉에게 할아버지는 어떻게 받아들여졌나요?
③ 어른들이 우봉이의 꿈을 꺾고 있는 것은 아닐까요?

이런 질문을 해보고 아이들과 책을 읽고 간추린 내용을 나누면 될 것입니다. 서로 간추린 내용의 차이점을 꼼꼼하게 비교할 수 있도록 모둠별로 발표를 시키는 것도 좋을 것입니다.

(글쓰기)

작품명	전체 리뷰	포토 리뷰	스타블로거 리뷰	독후감	한줄평	출처
젓가락 달인	16	3	6	0	2	예스24

(2019. 7. 24 현재)

인터넷 서점 예스24 홈페이지에 있는 또래 감상문(어린이 독후감 대회 참여작)을 복사하여 나누어 주고 참고하라고 합니다. 일정한 형식을 요하기보다는 서로 생각을 나눈다는 차원에서 모둠에서 읽어보고 자신의 생각이나 느낌을 이야기한 후 써보게 합니다.

이때 우리 아이들이, 책을 읽은 후 의무적으로 썼던 옛날 방식의 독후감 쓰기로 받아들이지 않도록 세심하게 배려해야 합니다. 숙제로까지 해야했던 옛날 강제 독후감 쓰기는 아이들이 책과 멀어지게 되는 큰 원인이었기 때문입니다. 책을 읽은 뒤 줄거리와 자신의 느낌을 기록하는 행위가 즐겁게 느껴지도록, 선생님들이 자기 학급의 학생들 성향이나 여건 등에 맞춰 여러 가지 방법을 연구해야 한다는 말입니다. 예를 들어 가상의 대상을 정해 그 대상에게 전해주는 방식으로 줄거리를 작성하는 방법도 있을 것이고, 느낌을 '이 작품은 청양고추처럼 엄청 맵지는 않지만 양파 맛처럼 조금 눈물이 날 정도로 맵다' 등과 같이 음식 맛에 대비시켜 감상해볼 수도 있습니다. 또 작품 속에서 본인이 재미있다고 생각되는 표현들만 모아보는 방법도 있습니다. 방법은 아주 많으니 조금만 생각해보면 재미있는 방법이 많이 떠오를 겁니다.

단원	단원 학습목표	주요활동(교과서를 중심으로)
4. 이야기 세상 〈젓가락 달인〉	이야기의 구성요소를 이해하며 글을 읽을 수 있다.	• 〈젓가락 달인〉 그림만을 복사하여 나누어 주고 이야기 이어서 쓰고 모둠별로 책으로 엮기 • 실제 이야기를 읽어주고 이야기를 간추려 짝꿍과 나누기 • 우봉이가 한 일을 살펴보기 • 〈젓가락 달인〉 사건의 흐름을 정리하기 • 인물의 행동에 대한 자신의 생각 말하기

〈젓가락 달인〉에 나오는 그림(35개)이 꽤 많습니다. 이것만 따로 모아 이야기로 만들어 모둠별로 비교하여 보는 것도 좋을 것입니다. 반 아이들을 크게 3개의 모둠으로 나누어 이야기를 만들고 책

으로 엮어서 비교하게 하면 됩니다. 그리고 실제 이야기를 읽어주고 간추려서 짝꿍과 나누어보게 하면 좋을 것입니다.

4단원 이야기 세상은 이야기 구성요소를 다룹니다. 앞에서 파악한 이야기를 바탕으로 교과서에 나온 활동 내용을 정리하면 〈젓가락 달인〉 작품을 다양한 관점에서 보고 생각할 수 있습니다.

다음은 〈젓가락 달인〉 작품을 보고 할 수 있는 질문 사례를 들어보겠습니다. 작품을 읽고 만들 수 있는 질문의 예를 든 것이니 다른 작품에도 적용할 수 있을 겁니다.

1. 2학년 2반 교실에서 선생님이 진행하는 특별한 행사는 무엇인가요?

(젓가락 달인 뽑기, 5쪽)

2. 우봉이는 젓가락 달인 뽑기에 관심이 있었나요?

(관심이 없다, 6쪽)

3. 우봉이는 할아버지에게 안겼을 때 코를 벌름거렸습니다. 그 이유는 무엇인가요?

(흙, 바람, 풀 냄새가 할아버지 옷에 배어서이다, 8쪽)

4. 우봉이는 할아버지와 잘 때 끔찍하고 움찔한 것은 무엇인가요?

(할아버지의 틀니, 13쪽)

5. 우봉이는 주은에게서 눈을 떼지 못했습니다. 그 이유는 무엇인가요?

(크고 맑은 눈이 예쁘다고 생각해서입니다, 15쪽)

6. 주은이가 우봉에게 어디 성씨인지 물었을 때 우봉이는 어떻게 했나요?

('딸꾹'하고 딸꾹질을 했습니다. 17쪽)

7. 점심시간에 묵이 나왔는데 우봉이는 숟가락 대신 젓가락을 잡았습니다. 그 이유는 무엇인가요?

(주은이가 젓가락질을 잘하는 성규를 부러운 듯 보는 것을 보고 자기도 멋진 모습을 보여주고 싶다는 마음에서, 22쪽)

8. 우봉이가 할아버지와 식사를 하면서 놀란 점이 있습니다. 무엇인가요?

(젓가락으로 묵 두 개를 한꺼번에 집어 들었던 것입니다, 27쪽)

9. 할아버지가 우봉에게 젓가락질을 가르치기 위해서 꺼낸 것은 무엇인가요?

(은젓가락, 29쪽)

10. 우봉이가 글씨를 엉망으로 쓴 이유는 무엇인가요?

(젓가락질 연습을 많이 해서입니다, 35쪽)

11. 우봉이가 교실에서 주은이를 몰래 훔쳐본 이유는 무엇인가요?

(주은이의 얼굴에서 아줌마의 가무잡잡한 얼굴이 생각나서입니다, 45쪽)

12. 젓가락질을 제일 잘한 사람에게 수여되는 상품은 무엇인가요?

(스티커 5개, 문화상품권, 46쪽)

13. 2학년 2반 친구들 중 '젓가락의 달인'이 되겠다고 자주 이야기 하는 친구는 누구누구인가요?

(민지와 성규, 47쪽)

14. 엄마가 우봉에게 서운하다고 말을 했습니다. 그 이유는 무엇인가요?

(2학년 2반 젓가락 대회가 있다는 것을 말씀드리지 않아서입니다, 48쪽)

15. 우봉이는 상품권을 받으면 엄마 몰래 사려고 하는 것이 있습니다. 무엇인가요?

(딱지입니다, 50쪽)

16. 우봉이는 손으로 밥을 먹는 사람을 어떻게 생각하고 있나요?

(야만인 또는 원시인, 55쪽)

17. 우봉이의 젓가락 권법은 '구리구리 딱따구리' 권법입니다. 그 의미는 무엇인가요?

(딱따구리가 나무를 쪼는 것처럼 젓가락질을 엄청 빨리 한다는 뜻입니다, 60쪽)

18. 주은이는 다문화가족의 뜻을 잘 설명했습니다. 그 의미는 무엇인가요?

(다른 나라 사람끼리 결혼해 아이를 낳고 가족을 이루는 것입니다, 63쪽)

19. 아이들은 우리나라 사람과 결혼한 나라의 이름을 어디어디 대었나요?

(필리핀, 베트남, 태국, 중국, 우즈베키스탄, 63쪽)

20. 주은이가 '라오스'를 말했을 때 아이들은 어떻게 반응했나요?

(고개를 갸우뚱했습니다, 63쪽)

21. 라오스를 '라디오 김해 김치 라디오'라고 놀릴 때 선생님은 어떻게 말씀을 하셨나요?

(라오스는 태국과 베트남 사이에 있는 나라이고 친구가 한 말을 가지고 함부로 놀리면 안 된다고 했습니다. 64쪽)

22. 우봉이는 할아버지께서 시골로 가신다고 하자 힘이 빠졌습니다. 그 이유는 무엇인가요?

(젓가락 연습을 할 때 할아버지가 도와주셨는데 옆에 없다고 생각했기 때문입니다, 74쪽)

23. 할아버지가 우봉에게 은젓가락을 주면서 하신 말씀은 무엇인가요?

(달인만 되고 동무들을 이길 생각은 하지 말라고 하셨습니다, 78쪽)

24. 우봉이는 주은이의 일기를 통해 알게 된 사실이 있습니다. 무엇인가요?

(젓가락 달인이 되면 상품권으로 예쁜 머리핀과 젓가락을 사고 싶다는 것을 알았습니다, 84쪽)

25. 고수부터는 선생님이 준 쇠젓가락을 사용해야합니다. 그 이유는 무엇인가요?

(모두 똑같은 젓가락을 사용해야 공정하기 때문입니다, 97쪽)

26. 2학년 2반 아이들은 누가 젓가락질을 제일 잘 하거라고 생각했나요?

(민지와 성규, 107쪽)

27. 우봉이가 주은이와 젓가락질을 하면서 떠올린 것이 있었습니다. 무엇인가요?

(할아버지의 말씀과, 상품권을 타면 젓가락과 머리핀을 사고 싶다는 주은이의 일기 내용입니다, 114쪽)

단원	단원 학습목표	주요활동
독서단원 〈어머니의 이슬털이〉	책을 꼼꼼히 읽고 생각이나 느낌을 말할 수 있다.	•〈어머니의 이슬털이〉 내용 예상하기 •궁금한 내용을 떠올리며 책읽기 •책 내용을 간추리고 생각나누기

〈어머니의 이슬털이〉(이순원, 북극곰) 동화를 보고 저희는 어머니를 많이 떠올렸습니다. 한없이 퍼주시고 감싸주시던 어머니가 그리웠습니다. 더불어 기억 속에 고스란히 남아 있는 어린 시절의 추억이 떠올랐습니다. 옛날로 잠시 돌아간 느낌이었고, 포근하게 느껴지는 따뜻한 동화였습니다.

지금 아이들이 '이슬털이'라는 낱말을 이해하기 위해 이것에 대한 배경지식이 필요하겠다는 생각이 들었습니다. 〈어머니의 이슬털이〉 동화를 천천히 보면서 지금 아이들도 저희가 느꼈던 감정을 조금이라도 느낄 수 있을까 하는 의문이 들었습니다. 아이들에게는 이 동화가 어떻게 전해질지 참 궁금합니다. 그리고 아이들과 수업을 하면서 작품 이해를 위한 배경지식도 꼭 필요함을 느끼게 해줄 수 있다면 좋을 것입니다.

(글쓰기)

작품명	전체 리뷰	포토 리뷰	스타블로거 리뷰	독후감	한줄평	출처
어머니 이슬털이	36	14	19	2	2	예스24

(2019. 7. 24 현재)

인터넷 서점 예스24 홈페이지에 있는 또래 감상문(어린이 독후감 대회 참여작)을 복사하여 나누어 주고 참고하라고 합니다. 일정한 형식을 요하기보다는 서로 생각을 나눈다는 차원에서 모둠에서 읽어보고 자신의 생각이나 느낌을 이야기한 후 써보게 합니다.

이때 우리 아이들이, 책을 읽은 후 의무적으로 썼던 옛날 방식의 독후감 쓰기로 받아들이지 않도록 세심하게 배려해야 합니다. 숙제로까지 해야했던 옛날 강제 독후감 쓰기는 아이들이 책과 멀어지게 되는 큰 원인이었기 때문입니다. 책을 읽은 뒤 줄거리와 자신의 느낌을 기록하는 행위가 즐겁게 느껴지도록, 선생님들이 자기 학급의 학생들 성향이나 여건 등에 맞춰 여러 가지 방법을 연구해야 한다는 말입니다. 예를 들어 가상의 대상을 정해 그 대상에게 전해주는 방식으로 줄거리를 작성하는 방법도 있을 것이고, 느낌을 '이 작품은 청양고추처럼 엄청 맵지는 않지만 양파 맛처럼 조금 눈물이 날 정도로 맵다' 등과 같이 음식 맛에 대비시켜 감상해볼 수도 있습니다. 또 작품 속에서 본인이 재미있다고 생각되는 표현들만 모아보는 방법도 있습니다. 방법은 아주 많으니 조금만 생각해보면 재미있는 방법이 많이 떠오를 겁니다.

단원	단원 학습목표	〈어머니의 이슬털이〉 심화활동
7. 독서 감상문을 써요 〈어머니의 이슬 털이〉	책을 읽고 자신의 생각이나 느낌이 잘 나타나도록 글을 쓸 수 있다. (글을 읽고 감동받은 부분에 대한 생각이나 느낌을 쓸 수 있다.)	• 읽은 책에 대한 생각이나 느낌을 말하기 • 독서 감상문을 쓰는 방법 알기 • 글을 읽고 감동받은 부분에 대한 생각이나 느낌을 쓰기 • 글을 읽고 독서 감상문을 쓰기 • 글에 대한 생각이나 느낌을 여러가지 형식으로 표현하기

'7단원 독서 감상문을 써요'는 책을 읽고 글에 대한 자신의 생각이나 느낌을 여러가지 형식으로 표현하는 것이 목적입니다.

단원의 주요 학습내용은 독서 감상문을 쓰는 방법으로, 학생들은 그 과정에서 인상 깊은 작품을 골라 감동받은 부분과 감동받은 까닭을 밝히고 감상과정을 떠올릴 수 있습니다. 작품에서 재미와 감동을 느끼게 하는 것의 실체를 파악하고 그에 대한 자신의 생각이나 느낌을 표현할 수 있게 학습하도록 합니다.[29)]

독서단원에서 나누었던 이야기를 바탕으로 감동받은 부분을 중심으로 생각이나 느낌을 교과서에 정리합니다. 친구들과 정리한 내용을 나눈 후 수정하고 전체적으로 발표하는 활동을 합니다. 독서 감상문을 쓰는 활동을 쉽게 하기 위해 예스24 홈페이지, 혹은 기타 다른 인터넷 서점에 오른 서평이나 독서 감상문을 복사해 나누어 주면 훨씬 수월할 것입니다.

단원	단원 학습목표	주요활동(교과서를 중심으로)
9. 감동을 나누어요	작품에 대한 생각이나 느낌을 여러가지 방법으로 표현할 수 있다.	• 시를 읽고 경험 말하기 • 시를 읽고 느낌 표현하기 • 이야기를 보고 내용에 대한 생각 나누기 • 이야기를 읽고 다른 사람에게 들려주기 • 생각이나 느낌을 시와 그림으로 표현해 전시하기

29) 〈초등학교 3~4학년군 국어 4-2 교사용 지도서〉, 교육부, 2018년, 305쪽

'9단원 감동을 나누어요'는 시나 이야기를 읽고 떠오른 생각이나 느낌을 다양하게 표현하며 문학작품의 수용능력과 문화 향유능력을 기르는 것이 목적입니다.

이 단원에서는 이야기를 읽고 인물의 말이나 행동을 찾아 자신의 생각을 정리하며, 다른 친구들과 생각을 나누는 활동을 함으로써 작품에 대한 이해를 확장할 수 있도록 합니다. 또 인물의 말과 행동을 바탕으로 인물의 성격을 파악하고 자신이 이야기에 나오는 인물이 되어 말을 해보는 과정에서 자신의 생각이나 느낌을 다각적이고 창의적인 관점으로 확대 · 심화해 나갈 수 있습니다.[30]

30) 〈초등학교 3~4학년군 국어 4-2 교사용 지도서〉, 교육부, 2018년, 368쪽

7 수업 방법을 마무리 하며

2014년 EBS다큐프라임 촬영을 위해 시작된 슬로리딩 수업은 저희에게 많은 변화를 가져다주었습니다. 진정한 책읽기가 무엇인지, 쓰기를 어떻게 해야 하는지, 아이들과 수업을 어떻게 나누어야하는지 등을 생각하게 해주었습니다. 그리고 저희가 책을 어떻게 읽고 대해야 하는지까지도 알려주었습니다.

한 권의 책을 깊게 읽는 슬로리딩 수업을 시작할 때 처음에는 저희도 '내가 이걸 할 수 있을까?' 하는 걱정과 두려움이 앞섰지만 막상 해보니 지금은 아주 잘했다는 생각이 듭니다. 지금은 책 읽는 수업 방법이 슬로리딩만이 아니라 '온작품 읽기', '한 학기 한 권 읽기' 등등 다양합니다. 이런 책읽기를 학생들과 처음으로 함께 하려 할 때 여러 선생님들도 어렵게 생각하지 마시고 교과서에 수록된 작품으로 시작하여 점차 확대시켜 나가보십시오. 시중에는 저희가 쓴 〈슬로리딩 수업 사용설명서〉를 비롯해 10여 권의 책이 나와 있습니다. 모두가 수업에 문학작품을 적용한 사례와 방법을 소개하고 있습니다.

그런데 책읽기 수업을 하고자 할 때 처음부터 교과서 외의 작품을 도입해 시작해보라고 하면 대부분의 선생님들은 부담을 느낍니다. 그런 이유로 저희는 과감하게 제안해봅니다. 교과서에 수록된 작품으로 '한 학기 한 권 읽기' 수업을 시작하시라고 말이지요. 교과서에 수록된 작품은 많은 전문가들의 검증을 거쳤기 때문에 믿고 선택할 수 있는 장점이 있습니다. 먼저 교과서 수록작품으로 시작한 뒤 각 선생님들의 교육 목적과 의도에 따라 더 좋은 작품을 선택하여 발전시켜 나가면 될 것입니다.

독서단원을 재구성한
한 학기 한 권 읽기 수업 방법
– 초등 3~4학년 –

펴낸날 2019년 08월 30일 초판 1쇄

지은이 최영민 · 주예진 · 엄윤아
펴낸이 모이현
펴낸곳 고래북스
출판등록 제406-2002-000192호

주소 경기도 파주시 탄현면 새오리로 422-12
전화 (031)946-2454
팩스 (031)948-2454
E-mail goraebooks@hanmail.net
ISBN 979-11-86414-06-4 03370